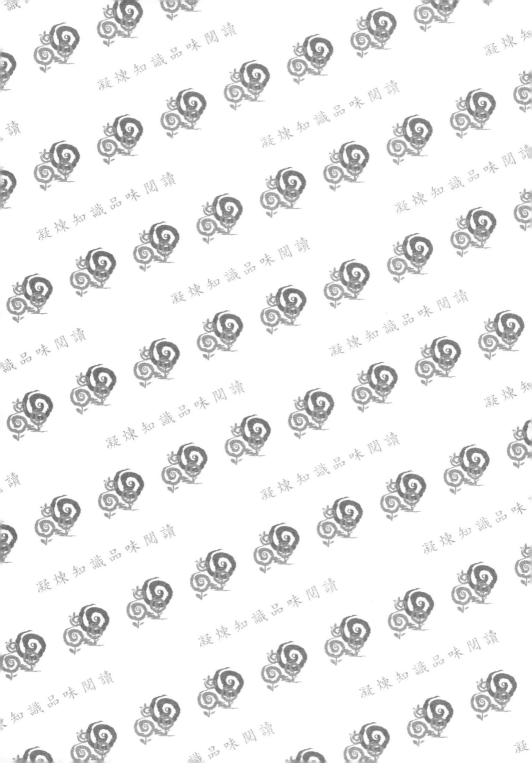

# 教育小辭書

國家教育研究院　主編

吳清山、林天祐　合著

五南圖書出版公司 印行

# 序　言

　　《教育小辭書》初版迄今倏忽已八年，期間來自各方不斷的勉勵與支持，深表謝意。

　　本書輯錄的「教育名詞」係作者自民國 84 年 5 月起，應時任國立教育資料館館長毛連塭博士邀請，在該館發行的《教育資料與研究》期刊第 4 期開始，每期發表二則，因廣受讀者喜愛，民國 92 年由該館與五南圖書出版公司合作，將分散各期的教育名詞纂輯出版，在本書即將進入第 12 刷之際，因國立教育資料館已於今年 3 月 30 日併入國家教育研究院，乃改由本院處理相關合作出版事宜。

　　教育名詞的撰寫，始終以教育理念、教育思潮、教育政策與教育實務為核心，透過簡明扼要，深入淺出的文字，闡述教育理念、傳達教育思潮、詮釋教育政策、討論教育實務；讓教育的核心價值，在現實中實現；讓教育的執行與決策，更具有創新與活力。教育的成功需要「從心開始」，用心點燃希望的工程；教育工作者具有正確的價值思維與理念，就能發揮教育的效能；教育工作者理解教育的思潮與政策脈動，就能落實教育創新與實踐。多年來，教育發展相當快速，但本書所提供教育理念、思潮、實際作為與政策脈動等觀點，仍深具參考價值。

　　本書即將印行 12 刷，教育名詞在《教育資料與研究》期刊的刊載，也將在民國 100 年底屆滿 100 期，除了衷心感謝各

方鍾愛、感謝五南圖書出版公司的支持與出版之外，國家教育研究院將秉持QUITE-A理念，強化品質（Quality）、團隊（Unity）、創新（Innovation）、真理（Truth）、卓越（Excellence）以及行動（Action）的精神，繼續提供更優質的教育研究與出版，以饗各方讀者，祈請各界先進一本關愛之情，繼續給予支持指正。

國家教育研究院　院長

**吳清山**　謹誌

民國 100 年 6 月

# 自 序

　　從單篇的「教育名詞」到集結成冊，經過七年半的時間，「教育小辭書」這本書終於和讀者見面了。

　　自民國八十四年五月起，作者應國立教育資料館毛前館長連塩博士之邀請，開始在「教育資料與研究」雙月刊撰寫「教育名詞」，以詮釋教育政策、闡釋教育理念、傳達教育思潮與討論教育實務為主。

　　撰寫教育名詞的最初目的，是要使用淺顯、簡單的詞句解釋新的教育詞彙，讓教育人員能夠很快的掌握新的教育理念與實務的意義，藉以建立教育共識。自刊登以來，頗受教育各界的支持，許多讀者並建議作者進一步介紹名詞的重要內涵，因此，乃修改撰寫內容的結構，包括意義、來源及發展、重要內涵、教育的應用、評述等五方面。由於各篇自成體系，便彙集而成為辭書，使讀者能夠有系統的瞭解各個名詞的來龍去脈、意涵以及實務上的意義與限制。

　　作者認為，教育政策是教育實施的指針，唯有將政策明確的傳達給每一位關心教育的伙伴，教育政策才有落實的可能；教育理念是引導教育內容、教育過程、教育方法的基石，教育人員如能建立正確的教育理念，教育將發揮最大的效能；教育思潮是教育活動的泉源，掌握教育思潮就能掌握教育的活力；教育實務是教育政策、理念、思潮的具體實踐，沒有現場的實作，就沒有教育的存在。教育的任務，就是透過教育政策，將教育理念與思潮應用到教育現場，以發展個人的潛能，因此，本書之撰寫始終以教育政策、教育理念、教育思潮與教育實務

為核心。

　　本書之所以能夠完成，首先要感謝國立教育資料館毛前館長連塭博士的殷殷教導，現任許館長志賢的關心與鼓勵，以及楊秘書永慶、洪主任文向、許主任明忠的策劃推動，資料組謝雅惠編輯的細心整理，他們為這本書的誕生所付出的心力，衷心銘感。另外，特別要感謝五南圖書出版公司楊榮川董事長慨允出版，以及王總編輯翠華小姐和陳俐君小姐的費心編輯，本書才有印行的可能。

　　本書之撰寫力求簡明，內容力求正確，但因限於作者之見，難免有疏漏之處。懇請讀者先進惠予指正，作者將一本務實的態度，廣納各方建言，以作為修正之依據。


　　　　　　　　　　　　　　吳清山　林天祐　謹識
　　　　　　　　　　　　　　民國九十二年一月

序　言
自　序

# 教育小辭書

# 360 度回饋

「360 度回饋」（360-degree feedback）是指透過全面、多元資料的蒐集與分析過程，以協助個人成長、發展或作為評鑑個人績效的一種方法，以便做到更公平、公正的評鑑。資料來源包括自己、上級、部屬、同事以及外部相關人員。

「360 度回饋」又稱為「多評量者回饋」（multirater feedback）、「多來源回饋」（multisource feedback）、「向上回饋」（upward feedback）、「全圓回饋」（full-circle feedback），是企業界用來發展人力資源的一種方法。提倡者主張：如果以個人作為一個圓的圓心，同事看到的面大約是 90 度，上級約為 180 度，部屬及外部人員感受到的面為 270 度，視導人員所看到的面向必須是 360 度，也就是多方面蒐集資料，做全面性的評估。

這種方法源自於企業界，在企業界起初是作為提升主管領導能力之用。1960 年代以前，企業界對於中階經理級主管的考評及指導多採「上級評鑑」的模式，也就是由上級主管依據自己的觀察結果，直接評斷下級主管的表現或要求應如何改進。1960 年代後期，團體成長技術引進評鑑的領域，這種方法透過小組討論的方式，提供同仁對於主管的看法與建議，讓主管察覺自己的優劣，自我評鑑乃成為重要途徑。1980 年代之後，員工的專業能力提高，員工自主以及員工參與的概念興起，加上研究顯示約僅 10% 的經理能夠正確的評

量自己的表現，所以多角度評量的方法，便逐漸興起，而 360
度回饋不僅是多角度，而且是多密度的回饋方式。

　　目前，360 度回饋已不僅用於評量主管的表現，也不限
於個人成長或績效的評量，舉凡人員甄選、工作分配、組織
改革等，都已經有廣泛使用的例子。一般而言，360 度回饋
的實施程序包括：準備、設計、執行、評估四個階段。準備
階段的重要工作，包括獲得上級的支持、成立設計小組及宣
導；在設計階段，要確定實施目標（如發展或績效導向）以
及發展蒐集資料的調查工具；到了執行階段，要選定評分小
組，並實施回饋、計分、報告撰寫等訓練；最後依據各項資
料評估個人的行為表現。在實際實施時，調查工具是以能力
為基礎所設計出來的一種調查表，評分小組人員包括上級、
自己、部屬、其他同仁以及外部人員，評分人員必須確保其
隱匿性。

　　整體而言，360 度回饋是評量個人的一種方法，其設計
在於提高評量過程與結果的信度與效度。在學校方面，像教
師評鑑、校長評鑑等都可以採用此種回饋的設計，建立評量
的專業性，使受評者能心服口服，並從中獲得成長與發展。

# 人力資源管理

人力資源管理（human resource management）是指有效發展組織成員的工作潛力、擴大成員參與組織決定，以同時滿足個人目標與組織目標的一套原理原則與方法。

人力資源管理的概念源自於人事管理理論，農業社會時代人事管理強調明顯的長官部屬關係，長官對部屬下達命令，部屬必須服從並戮力完成。1750 年代的工業革命，讓西方的產業組織發生重大的變化，形成富有的資產階級與出賣勞力的無產階級，資產階級與無產階級的對立與鬥爭，形成人事管理的黑暗期，直到十九世紀中工會組織出現之後，勞資雙方的問題才較趨緩和。

二十世紀之後，從科學管理之父 F. W. Taylor 強調人員的科學管理、E. Mayo 主張的人性化管理，到行為學派的人際關係導向的管理理念，持續反映社會發展的需求。1970 年代之後，由於電腦科技的發達、人力素質提高的必要性以及人力投資概念的興起，人力資源的概念乃逐漸受到重視，而人力資源管理的方法與策略便成為重要的課題，許多公司行號也成立人力資源發展單位，積極經營人力資源。

人力資源管理的基本假定是，人有從事有意義工作的意願與傾向，管理者的重要使命在於設計一套原理原則與方法，全力開發員工的潛力，並擴大員工參與的機會，以滿足員工的需求並同時達成組織的目標。人力資源管理的重要課

題包括：建立整體性的人力資料庫、規劃系統性的進修訓練課程、建立績效本位的薪給制度、強化分工合作的組織團隊、提升員工工作環境的品質以及建構滿足個人與組織需求的機制。

　　學校有充沛的人力資源，而且絕大多數的教師素質精良，但是隨著知識經濟時代的來臨，社會及國際環境變動，學校的人力資源必須加以重整，期能有效發揮其專業知能。因應知識經濟時代，學校在人力資源管理方面，可以透過策略聯盟、虛擬管理、網路訓練以及創新管理的策略，使教職員能機動化提升本身的專業能力，並在工作中發揮高度的創造力，以滿足學校、家長以及教職員本身的需求。

# 人權教育

人權教育（human rights education）是指引導民眾對不同族群、不同階級、不同地域的個人與群體予以尊重與容忍的教育理念與措施，目的在透過人群之間的互相尊重與容忍，創造溫馨和諧的社會，進而促進世界的和平。

「人權」一詞的使用始於第二次世界大戰期間成立的聯合國，以取代「天賦人權」（natural rights）的爭議性概念。促進世界和平是聯合國成立的主要目標，也是各會員國努力的方向。因此，聯合國憲章開宗明義第一條便指出，聯合國成立的目標在於推動與鼓勵對於人權的尊重。

所謂人權是指人出生之後就具有的基本權利。人權的概念可溯自於西方古希臘、羅馬時期自由與平等的天賦人權主張，但實際上只有少數人擁有自由與平等。文藝復興時代，歐洲國家強調以人為本的概念，強烈要求個人自由、平等權利的保障，尤其著重財產權的擁有。十八、十九世紀時期，政治統治者無視於人權的存在，引發英國、美國、法國的革命運動，而二十世紀後葉的蘇聯解體，更是人權運動下的產物。整體而言，人權的內涵歷經三次更迭，第一代的人權內涵強調公民生存、遷徙的自由平等權，第二代注重經濟、社會、文化的自由平等權，第三代則加入和平、健康、人道的理念。

為實現尊重人權的理想，聯合國在 1946 年至 1948 年通

過世界人權宣言，宣示：每個人都有接受教育的權利、教育目的在充分發展每一個人的個性、父母對於子女所應該接受的教育有優先選擇的權利。1978 年，在聯合國教科文組織舉辦的一項人權教育國際會議中，與會者一致認為人權教育的目的應包括：容忍與尊重態度的建立、人權知識的認知以及人權概念的實踐等情意、認知、技能三個層面。在教育過程中，則應從建立尊重他人權利為起點，將人權教育的內涵融入於學校教育各個領域，並擴及於家庭、社會教育當中，而且要保障教授人權課程教師之言論自由。

　　我國在戒嚴時期，雖然鮮少討論人權教育的議題，但是民眾的基本權利仍然受到一定程度的尊重。解嚴之後，人權的議題開始升到檯面上，但是有關人權教育的內涵與實施則缺乏系統性的規劃。未來，人權教育的實施宜從生活教育做起，從尊重自己、尊重他人、尊重不同族群、尊重不同性別等學習過程中，達到尊重他人基本權利的人權教育理想。

# 三明治課程

　　三明治課程（Sandwich course）是指融合理論與實務的一種課程安排方式，由於課程安排常採「理論—實務—理論」或「實務—理論—實務」之方式進行，形式上很像三明治，所以稱為三明治課程。又因為學生一方面工作，另一方面讀書上學，所以也稱為工讀交替制課程。

　　三明治課程原為英國大學為使學生透過實務工作之體驗，以建立踏實的基本能力而設計。其特徵在於學生的校內學習活動與校外的工作實習交換進行，學生實習的場所或部門必須與學生本科符合，如商科學生在商業機構實習，工科學生在工業機構實習。這種交替學習的方式，由於成效良好，因此延伸到中學實施，並以職業學校為主，課程安排方式也逐漸多樣化。在美、日兩國，此種課程的安排方式稱為合作課程。

　　此種課程的設計首重雙方的合作誠意，一方面學校對於提供工作實習機會的機構應給予專業上的支持，如擔任顧問、研發等工作；另一方面實習機構對於實習學生應提供最適切的實習內容，並給予實務輔導。如此，雙方互補互利，才能建立良性的互動關係。如果學校方面僅將學生送到實習機構，沒有相對提供專業貢獻；或實習機構只在利用廉價勞動力，並未適切輔導實習生，則將失去合作的積極意義，雙方與學生都將受害。

三明治課程的時間安排方式相當多，一般是採取一個學期在校內學習，另一個學期在工作單位實習的方式；也有採行學期中在學校學習，寒暑假在工作單位實習的方式；也有在學期中的特定時間內進行實習的安排方式；另外也有上午在學校上課，下午實習的例子。過去通常是先在學校學習理論，然後到工作單位實習，目前也有先安排學生實習，再回學校進行理論性的探討。課程安排方式必須兼顧理論需求與工作特性，以及雙方的理念。

　　我國目前許多大學強調產學合作，其方式主要師法三明治課程的精神而設計，其中高雄餐飲管理學院更因強調三明治課程的設計，而廣受矚目。三明治課程的設計，可以有效培育專門人才，也可以透過產學合作，整合學術界與實務界的力量，提升人力素養與產業競爭力，因此，甚值得擴大推廣。有關中小學師資的培育以及學校行政領導人才的培育，也可以透過此種合作的歷程，共創多贏的局面。但必須在以學習者為主體的前提之下，雙方進行真誠的合作才可望落實。

# 大學自主

　　大學自主（university autonomy）是指大學依法自行管理校內事務，不受外力（如政府、宗教團體）的不當干涉，以確保大學專心從事高深學術之研究，進而達成提出創新學說或技術、引領社會進步的大學神聖任務。

　　大學自主的概念來自於大學成立的原始理念。不論在我國或西方社會，高等教育最初都是由一群學者聚集在一起，共同研討學術的地方。國內學者伍振鷟指出，我國漢朝的大學以及唐、宋以來的書院，都具當今高等教育的基本特質，到清末則模仿西方制度建立今日之大學；郭為藩則指出，西洋大學的大學（university）一詞原指學者的集團，到了十五世紀之後才漸漸有學術機構的意義。從大學的起源來看，大學是學者本身自發性探討學術活動的場所，在傳統上就是一個自主、自足的組織，不受外力的干預，而大學也能善盡追求學術真理的職責，發揚學術光芒。

　　理論上，大學自主包括學術自主與行政自主兩方面。學術自主包含教學、研究的自主，亦即大學在教學與研究的內容、過程、方法，由大學本身自己決定，不受外界的干涉。行政自主包含組織設置與組織運作的自主，舉凡行政的運作、人員的聘雇、經營的使用等，都由大學依法自行決定。實際上，中外的大學在發展過程中，自主性或多或少都受到壓抑。如我國在解嚴之前，大學尚未普及，全國大學之校

長、教師聘任、系所設置、招生、課程、學位等受政府限制，學校並無自主空間。解嚴之後，社會更加開放，大學特有的自主角色受到重視，「大學自主」在民國八十三年大學法修正公布實施之後，也成為大學校院的重要議題。西洋大學成立之初以及十八世紀中，也相繼受到宗教團體與政府機關之控制，十九世紀之後，才在追求學術自由之呼聲下，逐漸走向穩定的獨立自主狀況。

　　大學自主的先決條件是政府的充分授權，授權的依據是由政府制訂授予大學自治之法律。在授權的法律中，必須僅作原則性的規定，才能讓大學有自主的空間。其次，大學必須成為一個自治團體，針對法律授權事項自行運作並負起績效與成敗責任，所以大學本身宜有類似行政、立法、司法之權、能、審判區分的組織及運作機制，歐美教育先進國家將這種機制建立在學校董事會之上，也就是公私立大學法人化。

　　教育部於民國九十年發布的「大學教育政策白皮書」強調落實大學學術、行政的自主，以及師生權益的保障，並提出公立大學法人化，合理調整政府角色的策略，未來實施之後，將有助於大學的自主化。不過，要跟上先進國家的腳步，還有一段長遠的路程。

# 互易領導

　　互易領導（transactional leadership），是指組織領導人透過折衝、協商的過程，讓成員需求得以獲得滿足，促使其願意為組織貢獻心力，發揮團隊力量，以達成組織目標的領導風格。

　　自從行政領導學者伯恩斯在 1978 年提出互易領導與轉型領導的概念之後，1980 年代以來國外的組織領導研究雖然相當廣泛，但大都不離互易領導與轉型領導的核心概念。互易領導強調在現實條件之下，發揮組織成員的力量；轉型領導重視改變現實條件，激發組織成員的潛力。兩者各有其適用的時機與環境。

　　具體來說，互易領導是領導者透過獎賞、消弱等價值互換的過程，來贏得部屬的向心。獎賞與否的標準是經由領導者與部屬之間雙方協商而來。領導者以滿足部屬的需求，換取部屬為組織效命的意願；部屬以獲得滿足的高低，作為工作賣力與否的依據。當部屬依協議達成既定目標，領導者便給予應得的獎賞；反之，則給予負面的回饋。換言之，領導者明確告知部屬要獲得某種需求的滿足，就必須完成一定的工作。如此「以物易物」，周而復始，組織目標既可達到，成員需求亦可同時滿足。

　　互易領導者通常必須先確定組織的目標，繼而分析出成員的工作事項。其次瞭解成員經濟、社會、心理需求，並向

成員解釋工作事項以及達成的方法，同時告知以及承諾完成工作所獲得的具體酬賞。組織成員在獲得必要的承諾下，願意投入工作行列以滿足自己的利益需求，進而完成組織的既定目標。

　　互易領導通常適用於組織革新的初步階段，在此一階段，領導者透過以物易物的方式，使成員獲得立即的利益，並建立「付出—酬勞」的公平制度。在比較龐大以及成員專業自主性比較高的組織中，由於互易領導可以建立明確、公平的工作準則，因此也扮演著相當重要的角色。但是互易領導最多只能促使組織成員被動的工作，要使組織成員化被動為主動，使每一位組織成員都成為推動組織革新的動力，確保永續的成功，則必須進一步仰賴轉型領導的催化。

# 公辦民營學校

　　「公辦民營學校」（private management of public management）係指政府設立學校，委由民間團體經營的意思。所以，它與公立學校和私立學校之經營型態不太相同；可視為介於半公半私的一種學校組織。

　　「公辦民營學校」理念的興起，可說是對於公立學校績效不滿的一種反動，認為政府投入大量的教育經費，卻看不到學生學習的效果，紛紛要求學校經營必須有所革新，以提高其營運績效。事實上，公立學校常常受到政府諸多法規和行政科層體制的束縛，使它很難適應社會變遷有所調適，進而展現其績效，為改變此一現象，於是有人主張必須從整個學校經營型態革新著手，方易奏效，「公辦民營學校」的想法，也就在這股革新的潮流下產生了。

　　「公辦民營學校」的嘗試，最早可追溯於 1991 年，美國一家私人營利公司——教育另類公司（Education Alternatives, Inc.，簡稱EAI）開始在佛羅里達州（Florida）達地郡（Dade County）的邁阿密灘（Miamic Beach）一所公立小學實施。一般而言，「公辦民營學校」主要有四種模式：

　　㈠**管理合約**：係由教育行政機關與民間團體簽訂合約，雙方分別就經營目標、經費、時間、條件、內容、方式、學生評量等方面達成協議，民間團體依據合約來經營學校。這種方式，政府負擔教育經費，經營權操在私人手中，民間團

體以其本身經營能力賺取管理費。

㈡**民間承包：**係由民間團體向政府承包合約，定期向政府繳交承包費，並由民間團體自負學校盈虧責任。

㈢**BOT：**係指建造、營運和轉移（Build, Operate & Transfer）；亦即政府提供土地，民間團體負責興建，興建完成之後，政府以特許方式交由民間團體經營一段時間，以作為其投資報酬，經營期滿之後，民間團體將其學校資產和設備轉移給政府。

㈣**特許學校**（charter school）：係指政府特別允許教師或家長經營的學校。亦即，由一群教師或家長提出學校經營企劃書，經過地方教育行政機關審核通過後，即可成為特許學校，可以免受許多教育法規的限制，學校可依其需求遴聘人員和彈性使用經費，所以它是一種政府負擔經費，教師或家長經營的學校。

「公辦民營學校」可說是教育民營化的一種措施；也是一種另類學校，可以提供家長多元選擇機會，的確有其價值。但是民間團體是否願意投資到不易見到成效的特殊教育型態，造成另一種教育機會不公平。此外，萬一學校經營失敗，影響到學生受教權益，又如何加以彌補呢？亦是值得思考的課題。

# 公民教育

　　公民教育（civic education）係指運用適當的教材與教法，讓學生瞭解一位公民所應具有的權利與義務，理解個人與群體的關係，並培養其正確的價值觀，守法守紀的行為和服務利他的胸懷，使其成為具有民主、尊重、守法、服務和負責的公民素養。

　　公民教育是世界各國學校教育的重要一環，在民主國家中，公民教育強調民主與開放，尊重多元價值，維護憲政體制，透過省思、慎思和行動增進其公民素養；但是在極權國家裡，其公民教育注重服從權威、提倡單一黨派思想，學習者很少能夠藉由獨立思考和行動，發展其公民能力。

　　一般而言，公民教育在學校的實施，具有多樣性，有些時候是單一設科，例如：公民科或社會科；有些時候是融合在各科教學之中；有些時候是在學校所舉辦的各項活動中，所以學生的公民學習都依賴在學校所提供的教材或活動方面。隨著學生學習範圍的擴大，學生對於公民的學習，不僅限於學校內的學習，學校外也是學生公民學習很好的場所，為了讓學生能夠進行體驗學習、服務學習和公共服務，已經逐漸成為學校實施公民教育很重要的一項做法，尤其處在個人主義和重視私利的時代，建立學生熱心公益和幫助別人的價值觀，更是有其時代的價值和教育的意義。

　　公民教育要能夠發揮其效果，學校教師必須善用「知行

思」三合一的教學方式,首先要讓學生瞭解身為一位公民所應具有的權利與義務,其次能夠願意去體驗和履行自己的職責,最後對於自己所作所為要能不斷的檢討與改進。因此,在公民教育中,教師最好能夠透過討論的方式,鼓勵學生自由表達其觀點,並讓學習者從學習過程中,自我檢視其價值觀,避免提供「唯一」的標準答案,使學生不斷釐清其價值觀,進而協助學生公民能力的成長。

美國印第安那大學教育學院教授派翠克(John J. Patrick)曾提出學校強化公民責任的做法,其內容如下:(1)增加大量時間,讓學校各年級的所有學生都能參與公民教育;(2)學校各年級、各科目都有公民責任的相關單元,在社會科和語文科更需特別加強;(3)讓學生閱讀、分析和討論有關人員在過去和現在參與其社區公民生活的案例和故事;(4)建立小組學生負起其達成教育目標的合作學習經驗;(5)提供學生各種公民責任的模擬演練和角色扮演活動;(6)建立社區服務表現的學校本位方案,作為公民課程的一部分;(7)在學校各年級中,經由角色示範、讀寫作業和公共議題及當前事件討論,強調憲政民主的公民價值之學習單元;(8)鼓勵學生向政府官員或新聞媒體書面反映其對公共議題的意見看法;(9)指定學生參與校外政治性活動的作業。上述這些做法,對於國內各校實施公民教育,頗具參考價值。

# 分流教育

　　分流教育（influent education）是指在制度上分別對不同的教育對象，採取不同的教育實際措施而言。分流教育體系中的不同體系，不僅在教育的形式上（如名稱）不同，而且在教育實施上（如課程內容）也有相當程度的差異。分流教育的源頭來自制度上的不同，亦即因制度上的差異，造成教育實際的差異。當制度並無差異，而教育實際卻有差異時，則不能以逆推方式，把這種差異訴諸分流教育體系。

　　最明顯的分流教育事實是，第二次世界大戰以前盛行於英、法、德等國之平民、貴族分開就學的雙軌制中等學校教育制度。以英國為例，第二次世界大戰前，平民就讀以養成良好公民為主之中央學校或高級學校，貴族就讀以培育社會領導人才為目的之公學或文法中學。第二次世界大戰後，民主主義興起，教育機會均等理念擡頭，各國為實現民主意義教育內涵，極力思欲打破傳統的雙軌舊制，因此，紛紛設立人人皆可就讀的新式公立學校，如英國的現代中學、技術中學、綜合中學。

　　迄今，世界先進國家中已不再有平民、貴族分途的教育制度，但因中等學校的普及，多數國家為推展「適性教育」，並配合國家經建發展需求，在中等學校以上不再以地位作為分流教育的實施依據，改採以能力、興趣、或性向為基礎的分流教育體系，如特殊教育與一般教育體系分途，職業教育

與普通教育體系分途。我國現制的高級中等學校系統分高級中學、高級職業學校，高等教育系統分一般大學、師範校院、技術學院、專科學校，即是現代分流教育的最佳寫照。

分流教育規劃的著眼點，在透過選擇的途徑使每一個人各依能力、興趣、性向接受其最適切之教育，一方面可使各個人各展其才、各有所用，另一方面政府也可據之充分運用有限的教育資源。但教育分流的結果，造成教育遷就人力需求規劃、教育機會不平等、個人生涯發展及實際收入的不公、以及社會地位的分化，則是不爭的事實，而選擇制度的適切性更是爭議不休。其中，個人進入高級中等學校系統中的不同分流管道，因具關鍵地位，因此，便成為眾所矚目的焦點。

我國現行高級中等教育分流為普通高中、高職教育，主要是考慮如何有效運用資源以培育社會經濟建設所需要的人力。而高中、職的比例亦因應國家不同發展階段人力需求，作有計畫的規劃，從民國五十年代的5：5到民國六十年代的4：6到民國七十年代的3：7，而現在則朝向7：3的目標。惟教育終究應回歸教育「充分發展個人潛能」的本質，因此，如何在分流的教育事實中，做到兼顧整體國家需求與個人發展需要，是一個值得思考的課題。

# 少年矯正學校

少年矯正學校（adolescent correction school），是國內特有的一種學校，它係以收容觸犯刑法之少年受刑人，及依少年事件處理法裁定感化教育處分之十八歲以下未成年之少年及兒童為主設置的學校，其目的旨在經由學校教育方式，來矯正少年受刑人不良習性，幫助其改過自新，重新適應社會生活。是故，其設置目標、經營方式、師資、教材、及學生來源，與一般的公立中小學不太相同。

少年矯正學校之發展，最早可追溯於民國六十四年，法務部為貫徹「教育刑」之理念，使一時犯錯之少年受刑人有繼續求學機會，乃分別於台灣新竹少年監獄、桃園少年輔育院、彰化少年輔育院及高雄少年輔育院辦理附設補校業務，實施以來，受到法令、經費、師資、人力等各方面的限制，效果不盡理想。迨至民國七十九年，乃將原來的少年監獄、少年輔育院自行附設之補校改制，轉與所在地附近之一般國民中小學、高級進修補習學校合作，正式成立一般各級學校補校分校，實施結果，雖然較以往為佳；但是因為教師都是兼任性質，加上補校分校業務及人事權又獨立於少年監獄及輔育院之外，導致教學效果及業務推動都受到影響，少年感化教育仍未達理想，於是部分人士乃建議將各級補校分校改合併為一所學校。

基於以上種種原因，法務部乃於民國八十三年研擬訂定

少年矯正學校設置相關法案，立法院亦於民國八十六年五月六日完成「少年矯正學校設置及教育實施通則」三讀立法程序，確立少年矯正學校設置之法源依據。

　　少年矯正學校兼具行刑矯正及學校教育之雙重功能，其採用的教材必須針對學生需求另行編輯；至於師資除具有一般教學專業知能外，尚須具備犯罪防治、矯正教育，以及法治等方面的知能，才能達到教育效果。

　　政府依據「少年矯正學校設置及教育實施通則」之規定，在民國八十八學年度先於高雄及新竹設立少年矯正學校，為適應學生特殊性，其中設有高中部、高職部、國中部、國小部及短期特別教學部；至於其組織，為因應實際需求，則設有教務、訓導、輔導、總務四處、警衛隊及醫護室等單位。未來將根據社會實際需求，陸續設立少年矯正學校。

　　由於少年矯正學校之設置，毫無前例可循，其成效如何，亦難論斷；但就少年受刑人有機會接受矯正及學校教育，可謂開創少年感化教育新里程，故其設置，仍值得加以肯定。

# 文化不利

　　文化不利（culturally disadvantaged）是指兒童所處的家庭或社會文化環境刺激相對較少，與生長在一般社會環境的兒童相比較時，常處於比較不利的地位而言。因為這些兒童在社會中處於不利的地位，因此其所處的環境也稱為社會不利（socially disadvantaged）；同時因為這些文化或社會不利的環境文化刺激比較貧乏，所以又稱為文化貧乏（culturally deprived/cultural deprivation）。

　　教育機會均等是各國近代教育追求的重要理念，但是社會發展的結果常因個人、家庭、社會或政府的因素，導致兒童接受教育的機會不平等。我國民國建國之初雖也標榜自由、平等，但因幅員廣大，各地社會、經濟條件不同，兒童受教育之機會並不均等。政府遷台之後，經濟發展突飛猛進，並致力於推動教育，在教育普及之後，終在民國八十四年師法英、美等國，推動教育優先區計畫，期能改善文化及社會不利兒童之教育。

　　文化不利的概念源自於 1960 年代的英、美等國，當時的研究指出：某些種族、地區、家庭的兒童文化刺激較少，在人格特質、社會行為與學業成就等方面的表現普遍低於一般兒童，顯然處於不利的地位，必須額外加以補足，因此，在美國有所謂補償教育、英國有教育優先區的措施，以減低文化不利帶來的負面影響。某些種族在語言、文化、價值觀念

等方面，與主流文化並不相容，在生活及學習方面容易產生
挫折；有些地區建築老舊、設施不足、人口流失、教育設施
落後，地區內兒童身心發展較為遲緩，在立足點就處於不利
的地位，無法與新興社區兒童接受同等的教育；有的家庭父
母離異或雙親早亡，兒童缺少適當的教養，在學習、生活、
社會適應方面都處於不利地位。

　　不論是種族、地區、或家庭造成文化不利，這些不利環
境又都與個人家庭經濟環境息息相關。文化不利的兒童通常
家庭比較貧窮，因為貧窮的結果，帶來社會、文化、心理等
方面的不良影響，少數兒童具有比一般兒童更強的毅力與企
圖心，比較容易適應社會生活與學校活動，多數兒童則因立
足點的落後，而長期處於不利階段，對於教育學習影響至為
巨大，成為教育不利（educationally disadvantaged）兒童。

　　近年來，數位差距或數位落差造成教育的落差，有加劇
文化不利的傾向，使得原就不利的兒童更行不利，有利的兒
童更加有利，致教育機會不均等的情形愈形嚴重，如何補救
「知識不利」兒童將是新的教育課題。

# 生命教育

　　「生命教育」（life education）係指教導個體去瞭解、體會和實踐「愛惜自己、尊重他人」的一種價值性活動。一般而言，生命與教育息息相關，生命是教育的根本，離開了生命，個人不可能有教育可言；而教育則是生命的動力，透過教育的力量，可使個體的潛能發揮，生命會更有價值。

　　基本上，生命教育的目的，乃是讓個體在受教過程中，不僅要學到生命所需的知識技能，更重要的也要讓個體有豐富的生命涵養，成為社會有用之人和幸福之人。是故，生命教育消極目的在於避免個體做出危害自己、他人和社會的行為，至於其積極目的則在於培養個體正面積極、樂觀進取的生命價值觀，並且能夠與他人、社會和自然建立良好的互動關係。

　　因此，生命教育的內涵應該包括三個層次：第一個是屬於認知的層次，認識和瞭解身體及生命的意義和價值，熟悉與他人相處的法則以及知道愛惜自己和他人生命的方法；第二個是屬於實踐的層次，個體除了具備維護自身和他人生命的知識能力之外，也要能夠真正去加以履行，不輕視自己和別人、不踐踏自己和別人、不做出傷天害理的事、都能為自己的行為負責；第三個是屬於情意的層次，具有人文關懷、社會關懷和正義關懷，而且能夠不斷的自我省思，欣賞和熱愛自己和他人的生命。因此，生命教育的實施，若能透過「知、行、思」的方式，則將會發揮其效果。

　　西方國家明確標舉「生命教育」的概念，大約是 1979 年在澳洲雪梨成立的「生命教育中心」（Life Education Center，

簡稱 LEC），其設立主要目的是致力於「藥物濫用、暴力與愛滋病」的防制。該中心目前已經發展為一國際性機構（Life Education International），屬於聯合國「非政府組織」的一員，對於生命教育的倡導和貢獻居功甚偉。

國內台中市曉明女中為配合前台灣省教育廳推動「生命教育」，乃於民國八十七年九月設立「生命教育全球資訊網」（網址：http://life.ascc.net），其內容包括十個區域，分別為現況報導、教材參考、日常倫理、網路大學、網路論壇、資料寶庫、網路寶庫、網路連結、校園經營和倫理論壇，提供了相當豐富的生命教育資源。

雖然國內的藥物濫用和愛滋病不像西方國家那麼嚴重，但是近年來國內青少年的暴力行為、自殘行為或反生命行為，有愈來愈嚴重的趨勢。我國教育部為落實生命教育，自民國八十九年起特將「推動生命教育」納入施政重點，並宣布民國九十年為「生命教育年」，訂定「推動生命教育中程計畫」，成立「生命教育學習網站」，全面推動校園生命教育。生命教育的提倡遂為教育行政機關所重視，成為當前教育革新的重大課題之一。

不管我國或西方國家是否都已感受到生命教育的重要性，生命教育也將成為人類二十一世紀的核心課題。未來生命教育的推動，與家庭、學校和社會可說息息相關，因為家庭是實施生命教育的基礎，而學校是實施生命教育的關鍵，至於社會則是發展生命教育的環境，所以生命教育的倡導與實施，不能只依靠學校教育，否則效果仍是相當有限，它必須結合家庭教育和社會教育的力量，「三位一體，共同努力」，才會彰顯生命教育的功能。

# 田園教學

　　民國八十年左右，台北市議會議員鑑於郊區八所小型學校學生人數日漸減少，教育成本過高，不符教育成本效益，乃建議市政府教育局予以廢校，以節省教育人事經費，惟學區家長及學生普遍反對。教育局經過研議結果，認為這些郊區學校具有豐富的人文及自然環境資源，應該善加利用，創造學校特色，以吸引學童就讀。於是決定自八十學年度起將該等學校試辦田園教學（field teaching）實驗。

　　這八所郊區小型學校分別是：文山區指南國小；士林區平等國小、溪山國小；北投區湖田國小、湖山國小、泉源國小、大屯國小、洲美國小等；八十三學年度增加文山區博嘉國小；合計有九所小型學校實施田園教學實驗。這些學校採小班制，每班學生人數不超過三十人，而且採大學區制，凡是設籍台北市學童均可申請入學。

　　基本上，台北市所實施之田園教學，可視為一種課程與教學的革新，教師係本著開放、彈性及自主的教學原則，尊重學生的個性，以社區環境為教學的基礎，並擴大到整個社會環境和自然環境資源為學習領域，藉以提供學生多元學習機會，充實學生學習內涵，進而培養學生適應未來社會之健全個體。是故，田園教學並非是種種菜、拔拔草而已。它可說是一種相當活潑的教學，學生從教學之中，不僅可欣賞自然之美、鄉土之美；而且亦可享受學習的樂趣。所以，田園

教學實施以來，頗獲家長及學生好感，為這些郊區小型學校注入新的生命。

　　由於田園教學實施時間尚短，故很難精確的評估其成效，但在增進學生學習及適應方面，已逐漸看出其效果。不可諱言地，在實施田園教學過程中，受到觀念、課程、人員、經費諸多限制，遭遇不少瓶頸，亟待克服。

# 全人教育

　　全人教育（holistic education）的「全人」是指完整的個人，全人教育是指充分發展個人潛能以培養完整個體的教育理念與模式。

　　培養完整個人的全人教育向為中外學者所重視。我國自孔孟以還的儒家思想即以全人發展為教育核心，以止於至善的「聖賢」為教育目標。西方知名哲學家康德（Immanuel Kant, 1724－1804）所云：教育的使命在完成人之所以為人，也道盡個人完整發展的重要教育任務。

　　二十世紀初，人文主義心理學興起，在著名心理學家馬士洛（Abraham H. Maslow, 1908－1970）、羅吉斯（Carl Rogers, 1902－1987）等人大力倡導全人教育以培養功能完全發揮的完整個人之下，1960年代在美國形成一股「潛能開發」教育風潮。但是現代科學採用分析方法創造人類科技文明、民主政治與富裕經濟的快樂果實，使得科學分析成為現代社會的共同語言與工具，其影響力遠超過人文主義教育思潮。「分析」一詞支配整個社會體系的價值觀念與意識型態，教育體系也不例外。

　　到了1990年代，高度科技化下的社會偏差現象湧現，有識之士重新檢視教育體系後發現，過度重視認知、技術、專門而忽視情意、人文、通識的教育過程，是造成個人人格失衡，進而導致社會脫序的重要原因。以至於通曉電腦人員透

過電腦技術竊取他人財富、建築人員偷工減料危害公共安全、參觀博物館任意損害軟硬體設施等事件層出不窮。有鑑於此，教育先進國家無不積極落實以完整個人（whole child/ person）為教育主體的全人教育理念。我國自行政院教改會提出全人教育的教改理念以來，全人教育的教育理念已經逐漸受到重視，教育部在民國八十八年十二月二十九日公布之二十一世紀教育願景中，即強調中小學以達成全人教育為最終目標。

　　全人教育強調受教對象具有各種發展潛能，教育目標在使個體充分並完整發展潛能。在教育原則方面，必須充分尊重受教對象的完整人格；在教育內容方面，學生的學習內容必須加以統整，兼顧認知與情意、人文與科技、專門與通識的學習內容；在教育方法方面，教師必須提供學生充分探究身心潛能的機會，兼重思考與操作、觀念與實踐、分工與合作、欣賞與創作的學習過程；在教育組織方面，學校必須統整行政結構與行政運作以為示範，並提供每一學生與教師所需的教學材料與行政資源。

　　落實實施全人教育理念必須從觀念、能力、組織結構等方面同時著手。首先要建立正確的共識，其次要培養必備的能力、調整教室及行政組織結構，同時也要從家庭教育、幼兒教育至高等教育全面推動，方能奏效。寄望政府的新世紀全人教育目標早日達成，以建立台灣成為具有高度人文素養的科技島。

# 合作學習

　　目前中小學教師在教室中所安排的學生學習活動主要有三種類型，第一種是個別化的學習，第二種是競爭式的學習，第三種是合作學習。最近在教學理論與實際上，有逐漸強調合作學習（cooperative learning）的趨勢，合作學習是透過學生分工合作以共同達成學習目標的一種學習方式。

　　合作學習並不是一種新的教學觀念或教學方法，在過去的教學理論與實際中，一直都有合作學習的蹤跡。但是最近許多有關教學方面的研究均發現，合作學習是三種主要學習方式中，最為有效的一種方式，不僅可以增進學科方面的學習效果，而且可以促進社會及情意方面的學習效果，因此，乃成為目前較受矚目的一種學習方式。

　　把學生分成小組，而且各小組的成員必須共同努力完成小組的目標是合作學習的重要特徵。更具體來說，在合作學習的過程中，學生通常分成若干小組，各小組的成員都針對特定的學習單元，完全按照自己的能力以及所瞭解的方式去完成自己的學習責任，在經由成員之間不斷的交換意見、互相支持之下，所有成員共同努力朝向小組的學習目標邁進。

　　實施合作學習的方法有很多，目前最被普遍使用的方法為 STAD（Student Teams and Achievement Divisions）法。這種方法包括五個要項，分別是教師每週提供一個新的學習單元、教師把學生分成每組四到五人的小組、教師評估各小組

每一學生的表現、教師記錄每一學生的進步情形、教師獎勵一週來表現最好的個人以及小組。教師可以用講解、討論、播放錄影帶或其他方式，呈現學習單元的內容。分組活動中，學生依據教師發給的學習單元進行學習，此時，學生可以採用兩個人一起研究、整組一起討論、或互相考評等方式，共同學習。分組學習之後，教師實施小考，評估每一組每一位學生的學習表現，而每一組的整體學習表現是以該組所有學生的學習表現計算，當學生在另一次的小考有進步的情形時，整組的表現也隨之加分。最後，每週宣布本單元學習中表現最好的小組，以及小組中表現最好的學生。必須注意的是，在分組時每一組要包括不同能力的學生，才可以達到互相學習的效果。

教師在合作學習的過程中扮演著極為重要的角色，不僅要配合學習目標選擇或自編學習的素材，而且要在學生的學習過程中，引導學生使用舊有的知識主動去探索新的知識，最後要確定學生所獲得的新知是學生自己的知識及經驗建構而成的。學生在合作學習的過程中也扮演著相當重要的角色，因為學生要綜合運用交談、書寫、解決問題、藝術表現等等行為，才能有效建構起自己的知識。而這種重視學生學習責任的做法，是中小學教學型態的主流之一。

# 合流教育

　　合流教育（confluent education）是指政府採取單一化學校制度，使每個人不分智愚共同就讀各級各類學校的意思。合流教育之精神，在於所有學校同時容納不同教育對象，並施予同等的教育，因此，在合流教育體系之下，學校的設立要充分符合學生的最大需求可能，教育實施要以廣泛滿足不同學生能力、興趣為依歸。基本上，合流教育與分流教育是兩個相對的概念。

　　合流教育的理念植基於社會學的平等原則、以及心理學的發展原則。平等原則的教育理念，認為人人生而平等，因此，都應接受同等的教育，不僅如此，人人也應有選擇接受何種教育的自由意志及權利，任何危及平等原則以及剝奪個人選擇權利的措施，都是不當的。從心理學的觀點來看，每個人的能力發展速度不一，任何人無法預估一個人的未來發展程度，也不知個人能力的極限，因此，教育體系應讓每一個人有充分自我探索的機會，不宜過早分化。

　　合流教育是近年來世界各國教育學者大力提倡的理念，反映在具體教育措施上，小學教育階段有「學校選擇權」（school choice）的計畫，以保障學童同等受教權益，以及融合課程的設計，使小學教育活動與學童能力、興趣密切結合。中學教育階段，除學校選擇權外，綜合中學的普及，可以容納各類不同條件及背景之學生，延緩分化教育之實施，

並擴充及彈性化中學畢業生升學管道。高等教育階段，除擴增各類大學，增加學生入學機會外，特別注重大學通識教育課程之規劃、以及消除綜合大學與專門、專業大學（學院）之分際，以達整合的效果。而在特殊教育方面亦有廢除普通、特殊雙軌教育制度之呼聲出現。

　　我國政府有鑑於傳統分流教育制度已不符時代需求，進行合流教育之規劃工作。舉凡增設公立幼稚園，擴大就學機會；支援「教育優先區」，均衡各地教育水準；不斷修訂中小學課程標準，符合學生身心發展；推動「零拒絕」的特殊教育，使人人均有就學機會；辦理「綜合高中」，充分試探學生性向、興趣；研究多元入學管道，建立學校、學生互選制度；調整技職教育體系，暢通學生進修管道；規劃彈性大學學程，建立開放、多元大學教育；以及規劃生涯學習體系、建立終身學習社會等，都是現階段政府努力以赴的方向。

　　政府對於合流教育的推動，係基於現狀，採取漸進改進方式，期能逐步緩和行諸多年的分流教育事實，改正其流弊。但是合流教育重在教育實質面的平等，而非形式上的相等，因此，即使制度上是合流的，但在實質上是分流的，則合流、分流就沒什麼差別。

# 回流教育

「回流教育」（recurrent education）一詞，係由瑞典教育學家巴莫（Olof Palme）於 1969 年提出，在 1970 年代以後成為歐洲一種教育風潮，這個名詞後來被廣泛使用，它常常被視為「成人教育」（adult education）的同義詞。

所謂「回流教育」係指成人（在職的人、失業的人、休閒中的人、退休的人等）每隔一段時間之後，再回到教育機構裡進行有組織、有系統的學習。所以，它可說是一種終身學習的歷程，教育與工作可以輪流交替，不會相互衝突。

一般參加回流教育的人，與傳統的教學有別，它不受課堂教室的限制，可採「隔空教育」（distance education）實施；而且亦可自由地選擇自己的學習機構、內容和方式，使自己自由自在、自動自發的學習。

這種「回流教育」方式，雖然盛行北歐各國（瑞典、丹麥、挪威、芬蘭），但後來北美、英、法、澳洲、日本等國亦相繼提倡，使得「回流教育」引起各國的重視。「回流教育」的實施，讓學習者在就業之後有機會回到教育機構再行學習，增加了個人選擇接受教育機會。在終身教育體系中，它可說是成人教育最重要的一環。

升學主義在台灣存在了四十多年，也常為人所詬病，這種「直達車式」教育方式，阻礙成人繼續接受再學習的機會。因此，為讓成人有更多學習機會，推動「回流教育」，

是尤其必要的，使學生可以隨時「上下車」，亦可中途「轉車」，但是未來仍可達到同一目的地。

因此，行政院教育改革審議委員會在第二期諮議報告書特別提出「回流教育」的理念，認為它是達成終身教育的重要策略，也是個人在現代社會中的一種生活方式，不僅可提供個人多種重回學校接受教育機會，而且可使教育與工作結合，同時並可紓緩升學競爭的壓力，可謂一舉數得。教育部於民國八十七年發布的「邁向學習型社會」教育白皮書中，特別將「建立回流教育制度」列入「建立終身學習社會」的十四項具體途徑之一，並規劃高等教育多元彈性的回流教育體系，提供多元入學與進修選擇機會，藉以落實終身教育與全民學習理念，建構嶄新的教育環境。

總之，終身教育逐漸成為未來教育的主流，在我國教育發展現代化過程中，其所占地位將益形重要。所以，「回流教育」的倡導，對我國未來教育發展將會有重大的影響。

# 回歸主流

　　回歸主流（mainstreaming）一詞在教育上包括兩種涵義，第一是指特殊需要的兒童從隔離的特殊學校或特殊班級，回歸到一般學校普通班級上學上課的理念與政策；第二是指少數民族兒童從就讀種族隔離的班級或學校，回歸到與多數民族兒童一起就讀的理念與政策。本文所稱的回歸主流專指特殊需要（尤指身心障礙）兒童回歸一般學校普通班級就讀的特殊教育理念與政策。

　　特殊需要兒童回歸主流的呼聲早在 1960 年代就已出現，著名的特殊教育學者雷諾（M. C. Reynolds）在 1962 年於「特殊需要兒童」（Exceptional Children）期刊所發表的一篇文章中，就極力主張：安置於特殊班級或學校之特殊需要兒童，應視其改進情形，儘速回歸到一般學校就讀，讓特殊需要兒童與一般兒童相處以增進特殊兒童的社會適應力，並促進雙方的認識與接納。三十餘年來，特殊需要兒童回歸主流的概念，已獲得大多數教育學者的支持，並已成為政府的重要教育政策。

　　回歸主流的具體做法是：在學校設置資源教室，讓特殊需要的兒童平常在一般班級中上課，另外安排部分時間到資源教室中接受特殊教育。同時，為了迎接特殊需要兒童回到一般學校普通班級就讀，所有學校因此必須提供身心障礙兒童無障礙的學習環境及相關的支持服務，前者如殘障專用停

車位、室外引道通路、坡道及扶手、廁所盥洗室、以及關懷與接納等，後者如盲用電腦、擴視鏡、調頻助聽器、手語翻譯以及生活協助、復健治療、家庭支援、與家長諮詢等。

　　美國 1993 年通過的「特殊需要學生教育法案」（The Individuals with Disabilities Education Act，簡稱 IDEA），要求各級學校應儘量把特殊需要的兒童，安置在普通班級中就讀，我國在民國八十六年五月十四日公布的修正特殊教育法，也規定特殊需要的兒童應安置於最小限制的環境中，因此，特殊需要兒童回歸到普通班級就讀的情形將會愈來愈普遍。

　　回歸主流能否成功主要取決於五個因素，第一是態度與信念方面，第二是環境與相關支持服務方面，第三是行政支援方面，第四是力量整合方面，第五是教學方法方面。首先，學校必須相信每一位兒童都有能力學習，而且願意接納特殊需要的兒童；其次，學校必須提供無障礙的學習環境與相關的支持服務；第三，學校校長及其他行政人員的高度支持與參與；第四，必須結合並發揮一般教師、特殊教育教師以及專家學者的整體力量；最後，教師必須具備多元課程及教學設計的能力。

# 在家自行教育

在家自行教育（home schooling），意指學生不到學校接受一定的課程內容和教學時間，由家長依其需要自行在家給予孩子教導的一種教育方式，它提供了家長另類教育選擇的途徑。

「在家自行教育」與「在家教育」不同，後者是針對身心障礙或行動不便學生，各國政府都會補助教育券，作為教育養護之經費，同時也會派輔導員幫助家長在家輔導；前者教育方案，以美國較為普遍，家長大都基於宗教校園暴力或性氾濫等因素，擔心孩子在校受到暴力或色情汙染，乃向學區教育委員會依一定程序申請在家自行教育；為確保孩子的基本能力，凡是在家自行教育之孩子，需定期接受評量。其他國家，如澳洲、紐西蘭……等國，也都有在家自行教育的例子。

美國在 1970 年代早期，約有 15,000 位學童屬於在家自行教育；到了 1990 年代，已增至 500,000 位，學童人數增加快速，並有持續增加的趨勢。台北市自八十六學年度首度試辦在家自行教育以來，陸續有台北縣、桃園、花蓮及高雄等縣市跟進，目前學生數已有數百人之多。

在家自行教育方式，是教育的另類教育選擇方式，有利有弊，主要優點是具有彈性，家長可依孩子需要實施個別教學；至於其缺點則為孩子人際互動少。而且學校圖書設備較

為齊全，可供孩子使用，這是在家自行教育較難以做到的。且不管採取何種類型的教育方式，確保兒童學習的基本能力，恐怕是一項重要的課題，所以對於申請在家自行教育方式的家長，主管教育行政機關必須先認定家長具有教育子女的能力；而且其子女也需定期接受主管教育機關的能力評量，並鼓勵學生返校，才是較為妥善之策。

# 多元入學

　　多元入學係指改變現行高中和大學聯合招生制度，學生以多元方式的管道進入高中和大學之教育制度。

　　國內過去高中或大學入學方式，都以聯合招生為主，引起社會各界很大的批評，不僅具有「一試定終身」的弊病，而且也帶給學生很大的身心殘害。因此，部分人士乃建議取消聯招方式，改以較為多元化的方式代替之。因此，行政院教育改革委員會於民國八十五年所提出的「教育改革總諮議報告書」中指出：「一成不變的聯考方式，將難以改善聯考領導教學，製造為數眾多後段班的弊端，亟待改朝多元化入學的方向發展。」所以乃建議主管教育行政機關實施多元入學方案。

　　國內多元入學方案有兩大類，一是高級中學多元入學方案，一是大學入學新方案。前者已經自九十學年度開始實施，其主要目的為：(1)紓解國中學生升學壓力，促進國中教學正常化；(2)輔導各個高中改進入學制度，建立符合時代及地區需要的多元入學方式；(3)鼓勵高中發展特色，吸引國中畢業生就近升學，以奠定社區型中學的基礎；(4)結合社區資源及文化特色，發展學生及家長的社區意識，以建設具有特色的文化生活圈。該方案主要有三種入學方式：(1)登記分發入學：以「國民中學學生基本學力測驗」分數為分發依據，不採計在校成績，各高中（職）亦不得再加考任何學科測驗；(2)甄選入學：以「國民中學學生基本學力測驗」分數為

參考依據，不採計在校一般學科成績，惟各校得參採在校藝能表現、綜合表現、特殊事蹟等，亦可採實作、英語聽力測驗、口試、小論文⋯⋯等測驗；(3)申請入學：參考「國民中學學生基本學力測驗」分數，在校成績（限直升入學及自學方案），參採特殊才能及優良品德、綜合表現等方面之具體表現。

　　至於大學入學新方案，自九十一學年度開始實施，其特色在於「考招分離」和「多元入學」，招生由各大學自主，可單獨招收或聯合招生，使大學各校依特色訂定招生條件，招收適才適所學生。其方式係將過去入學管道「推薦甄選」、「申請入學」、「聯招」分為兩大類：第一類是「甄選入學制」，包括申請入學及推薦甄選兩管道，其中申請入學係由學生申請並參加學科能力測驗，再經各校系審查甄選；推薦甄選則是由高中推薦後參加學科能力測驗，經篩選及參加指定項目甄試。第二類是「考試分發入學制」，藉考試篩選學生，並依其考試階段、考科、成績採計及分發方式之不同，區分為甲、乙、丙三案，由各大學各校系擇一採行。甲案和乙案是二階段考試方式，考生需要報考學科能力測驗與指定科目，丙案與過去聯招相似。甲、乙、丙三案均以指定科目考試為同時考試，並以成績作為統一分發依據，每科採百分計分法。甲案指定考試科目數為〇至三科；乙案指定考試科目數為三科；丙案指定考試科目仍按過去聯招之方式分為四類組，每類組為五至六科。

　　國內這種多元入學考試制度，打破了過去的聯招制度，可說是教育制度史上的一大突破，但實施以來，由於採計分數方式，入學方式複雜化，讓學生、家長有無所適從的感覺，值得檢討。

# 多元文化教育

多元文化教育（multicultural education）意指學校提供學生各種機會，讓學生瞭解各種不同族群文化內涵，培養學生欣賞其他族群文化的積極態度，避免種族的衝突與對立的一種教育。

因此，多元文化教育的目標主要有五：(1)建立對其他族群文化的容忍；(2)消除種族的偏見與歧視；(3)教導不同族群文化的內涵；(4)教導學生從各種不同族群文化觀點看世界；(5)幫助弱勢族群學生發展其學習及對社會貢獻的信心。這種教育目標正異於種族優越感教育（ethnocentric education），它不是要使學生認為自己種族最優秀，排斥其他族群文化；相反的，而是要讓學生學會對不同族群欣賞、接納與容忍的態度。

在美國，多元文化教育可溯於1960年代的民權運動和婦女解放運動。當時的黑人及其他族群要求在課程的內容上要能有效的反映其歷史、文化和經驗，不應提供白人為中心的教材；後來低收入族群、文化不利族群、殘障族群也紛紛要求教育均等，使得多元文化教育日受重視，不僅在課程上要反映多元性，而且學校文化亦要反映不同學生文化背景，教師也要發展不同教學方式適應不同學生之需求。當然並不是每個人都相信多元文化教育的價值，有人認為過分強調族群，不易建立對國家的認同；此外，族群文化及語言太過複

雜，學校在有限時間及課程中，很難對各個族群的介紹面面俱到。

　　近年來，台灣已慢慢走向民主、自由、開放和多元的社會，加上台灣本身主要是由四大族群所組成：原住民、閩南人、客家人和外省人等，彼此之文化和語言具有很大的差異；此外，其他弱勢族群，如：女性團體、殘障團體、文化不利群體等新興族群，也開始發出聲音，使得多元文化之問題逐漸浮顯出來，尤其各族群對自己之權益意識開始覺醒，各族群之互動關係日趨複雜，故如何促進族群的瞭解，避免族群間的對立與衝突，以及重視社會各族群的權益，成為當前一項重要教育課題，因此多元文化教育呼聲隨之提高。教育部為推動多元文化教育，除進行多元文化教育相關問題研究外，並正式核准國立花蓮師範學院於民國八十四年成立「多元文化教育研究所」，且已開始招生，開啟多元文化教育研究之動力。

　　總之，多元社會中一定會有各種不同的族群存在，多元文化教育應該承認多元文化和傳統的重要性，由於不同族群文化中有其特殊的學習和溝通方式，所以教師在教學過程中，不能忽視學習者文化背景的差異，才能達到學習的效果；亦期盼在多元文化教育中，培養學生更為開闊、寬容的心胸。

# 多元智慧

　　多元智慧（multiple intelligences），又譯為多元智力，專指美國哈佛大學心理學家迦納（Howard Gardner）的八項基本智慧：語言、邏輯、數學、空間、肢體、運作、音樂、人際、內省、自然察覺而言。

　　自從一九〇五年法國心理學家比奈（A. Binet）及西蒙（T. Simon）等人發展出世界上第一個智力測驗以來，語言、數學、空間推理能力，已被認為是決定一個人智慧高下的標準。一九八三年迦納出版《心理架構—多元智慧理論》一書，駁斥傳統狹隘的智力理論，指出至少有七種基本智慧的存在，並於一九九七年再增加自然察覺智慧，形成八種智慧。這八種智慧代表每個人八種不同的潛能，這些潛能只有在適當的情境中才能充分發展出來。由於此八種智慧被發現普遍存在於人群當中，因此多元智慧的理論已廣為心理及教育學界所接受。

　　迦納所稱的語言智慧是指有效運用口頭語言或書寫文字的能力；邏輯、數學能力指有效運用數字和推理的能力；空間智慧指空間感覺的敏銳度及空間表現的能力；肢體、運作智慧指運用整體身體來表達感覺與想法、以及運用雙手靈巧製作事物的能力；音樂智慧指感覺、辨別及表達音樂的能力；人際智慧指察覺並分辨他人情緒、意向、動機及感覺的能力；內省智慧指個人自知之明的能力；自然察覺智慧指辨

識、理解自然界各種事物及現象的能力。迦納進一步指出，每個人都具備所有八項智慧，而且大多數人的智慧可以發展到適當的水準。

　　這些智慧是經由參與某種相關活動而被激發出來的，雖然智慧的成長隨著智慧類別的不同而不同，但卻大致遵循一定的軌跡，即年幼時期開始發展，經過不同的顛峰發展階段，到了老年時期發展活力迅速或逐漸的下降。如語言智慧從兒童早期即開始發展，直到老年時期仍可持續緩慢發展；邏輯、數學智慧在青少年及成長早期達到發展高峰；空間思考在兒童時期就已發展成熟，藝術眼光則持續發展到老年期；肢體、運作智慧隨著生理發展的日趨成熟而發展；音樂智慧的發展關鍵在兒童早期；人際及內省智慧的發展取決於幼兒經驗。

　　多元智慧的理論，提示各教育階段的教師在安排教學活動時要同時兼顧八種領域的學習內容，綜合運用多樣化的教學方法（如全語言、批判思考、操作、合作學習、獨立學習等），同時提供有利於八種智慧發展的學習情境，讓每個人的八種潛能都有獲得充分發展的機會。

# 行動研究

「行動研究」（action research）係指實務工作者結合學者專家的力量，針對實務問題進行研究，以謀求解決實際所遭遇的問題。

「行動研究」一詞，可以追溯到1946年美國社會心理學家勒溫（Kurt Lewin）在《行動研究與少數民族問題》一文中，討論行動研究對社會科學的重要性，特別強調行動研究是解決社會問題的重要方法。在1940年和1950年代曾廣泛被使用，到了1960年代，由於「量化研究」的興起，「研究」注重於實驗法和統計的考驗，「行動」和「研究」產生分離，使得「行動研究」有衰退的現象。直到1990年代，「行動研究」才有增加的現象。

由於「行動研究」的目的，主要在於解決眼前具體問題的方法；而不是在於建立一套有系統的理論，遂為教育工作者所重視，透過此種方法的運用，可以幫助學校提升行政效率、強化教師進修效果、增強班級經營效能、增進學生輔導管理成效、協助課程修訂、激勵教材教法革新等方面，對於整體教育效能的提升，是有其實質的功能的。

「行動研究」不必講究嚴謹的研究設計；也不必採用高深的統計方法，一般教育實際工作者有能力加以運用，其主要研究過程，大約如下：(1)確定研究問題及其重點；(2)與相關人士討論初步研究計畫；(3)參考相關文獻；(4)決定研究方

式（問題調查、觀察記錄、文件分析、訪談……等）；(5)進行資料蒐集；(6)進行資料結果分析與解釋；(7)提出改進建議的研究報告。

雖然「行動研究」最大弱點在於不夠嚴謹和科學化，但是用在教育上具有下列優點：(1)它能夠廣泛用於教育各層次（從班級、學校到教育行政機關）和各領域（從行政、課程、教學到輔導均可）；(2)它能夠幫助實務工作者確定問題及其解決之道；(3)它能夠增進實務工作者專業成長，使其更具有能力；(4)它能夠提供教育合作研究的空間，增進同事間的良好關係。

總之，「行動研究」具有相當大的實用價值，教育實務工作者如果能夠妥為運用，對於個人成長或組織發展，均有裨益。但行動研究一定要以能改進教學實務為核心，如為研究而研究，則失去「行動」之意義。

# 完全中學

　　完全中學（complete school），又稱一貫制中學，是指同時設立初（國）、高中部，且二部在統一的行政系統下運作的中學而言。

　　完全中學與初（國）、高中各自獨立系統的二級制中學大不相同。前者初（國）、高中合併設立於一校，統一運作；後者初（國）、高中分別設立，獨立運作。

　　美國的中學主要包括四年制中學，六年制完全中學，以及初、高中各三年的三三制三種。其中，三三制最為普遍，四年制中學及六年制完全中學較為少見。惟不論四年制中學、六年制完全中學、或三三制，均以綜合中學為主體。

　　英國的公立中學主要有文法中學、技術中學、現代中學、以及綜合中學四種。文法中學為七年制的完全中學型態，技術中學屬五至七年制的完全中學型態，現代中學為七年制的完全中學型態，綜合中學大部分屬七年制的完全中學型態。

　　德國的中學制度較為複雜，中等教育分為二個階段，第一階段大體為六年，第二階段為三年。實科學校以及主幹學校等中學屬於中等教育的第一階段部分，文科中學及綜合中學大體為九年一貫的完全中學。

　　美、英、德等國的完全中學，不論在修業年限、或學校數的比例上，差異相當大，但所代表中等教育追求「一貫

制」、「多樣性」的精神卻不謀而合。

　　我國於民國八十年初，部分國中由於學生人數劇降，招生不足；而高中教育需求擴增，學校區域分布不均，為紓緩國中學生升學壓力，並均衡城鄉高中教育發展，政府乃研議部分國中改制為完全中學，前三年為國民中學教育階段，後三年為高級中學教育階段，招收十二歲至十八歲學生。自八十五學年度起積極試辦完全中學，初期選擇部分國中參與試辦，因成效良好，申請學校逐年增加，並改設國民中學為完全中學，至九十學年度為止，全國完全中學數量已有六十一所。高級中學法修正案在民國八十八年七月公布後，完全中學正式取得法源依據，成為高級中學類型之一。教育部在民國八十九年九月發布完全中學設立辦法，使得國民中學的改制和完全中學的新設有所依循。

　　完全中學的設立，為一種教育的時代趨勢，它是社會環境需求的產物，可提供學生及家長多一種選擇的機會。我國完全中學的設置，有助於促進教育發展區位平衡及調整高中、高職之比例，但將高、國中安排在同一所學校，不像美、英等國在行政、課程等方面統整，可能會產生很多干擾，有待通盤檢討，予以克服。

# 批判思考教學

批判思考教學（teaching of critical thinking）是指一種教學方法，此種教學方法目的在培養學生合理判斷事實真偽的態度與思考能力，與創造思考教學強調創意能力與態度的培養在目的上是不同的。批判思考教學不僅強調思考能力的建立，也重視合理判斷態度的養成，創造思考教學也兼重能力與態度培養。

批判思考一詞在1960年代就開始有系統性的探討，其中以恩尼司（R. H. Ennis）的系列研究尤為著名。恩尼司將批判思考的行為發展成十二項具體的內涵，包括：掌握一項敘述的意義以及判斷推理過程是否模糊、是否有互相矛盾之處、結論是否適當、結論是否必要、敘述是否具體、是否運用原則、敘述是否可靠、問題是否清楚、敘述是否僅為假設、定義是否周延、宣稱或主張是否可接受。而這十二項是批判思考教學的重要內涵。

批判思考的概念雖早，但在教育界，則遲至1980年代末期才開始受重視。1980年代，美國企業界發現現代化的職場需要具備高層次思考能力的員工才能勝任，為了讓學生畢業後能順利就業，學校教育必須做必要的改變，重視學生高層次思考能力的培養。1988年，美國勞動、教育與商業部的一項調查報告指出：企業界所需要的員工必須能夠迅速因應變革、處理複雜事物、發現並解決問題、有獨立作業能力、能

與他人合作、具可信賴性等高層次思考能力，這些能力有賴
學校教育的培養。

　　與此同時，美國「中間年級研究小組」在 1987 年發表一
項報告，強調第六、七、八年級學生必須學習道德推理、批
判思考、問題解決、審美判斷、科學方法等能力；1992 年，
「初級年級研究小組」主張小學應該全面設計「有意義、思
考性課程」，「中學研究小組」也要求教師應教導學生學習
如何思考、如何解決問題、如何溝通。從此，分析式的技能
本位（skill-based）學習方式走入歷史，代之而起的是有意
義、有情境的技能學習。

　　到了 1980 年代末期，社會的需求以及教育的潮流，要求
學校教導學生進行批判性思考，批判思考教學乃自 1990 年代
之後成為美國各級教育的重要教學方法之一。邁入新世紀，
批判思考教學已經成為教導學生自我成長與適應現代化社會
生活的重要方法之一，惟在實施批判思考教學時，應把握批
判重在判斷而不是批評、批判以客觀事物為主而不是以人為
主的精神。更重要的是，批判思考教學不僅在於能力的培
養，更在於態度的養成。

# 協同教學

　　教育部民國八十七年九月三十日公布之國民教育階段九年一貫課程總綱綱要強調「活潑、合科統整與協同教學」，未來全面實施之後，協同教學將成為國民中小學重要之教學型態之一。所謂協同教學（team teaching）是指由兩個以上的教師以及教學助理人員分工合作、共同策劃及執行大規模教學活動之一種教學型態。

　　協同教學的型態起於 1950 年代中期，當時美國高中、大學學生快速增加，合格教師十分缺乏，為充分運用有限之教師人力，乃由賓州州立大學實驗以少數教授透過閉路電視等教學媒體對為數甚眾之學生進行教學，奠定了協同教學之雛型。隨後，著名的校長專業團體「美國中等學校校長協會」（National Association of Secondary School Principals）於 1956 年成立特別委員會，聘請伊立諾大學教授特蘭（J. L. Trump）擔任主任委員，積極提倡協同教學，此種新的教學型態乃逐漸成為廣受中小學歡迎的一種教學方式。

　　協同教學方案是由不同專長之教師以及教學助理組成教學小組，先由小組共同擬訂教學計畫，再由教師依據教學計畫進行教學，最後再由小組成員共同評量學生之表現，並實施教師間之交互評鑑。實際實施時，教學小組對於數以百計之學生進行教學，由每位教師依據本身擅長的專攻學科及教學方法，實施教學。教學活動一般分為大班教學、分組活

動、個別學習三種。當一位教師在進行大班教學時，協同組之其他教師可以同時進行小組指導或個別指導，教學助理則協助教師準備相關教學器材、批改作業及處理其他雜物。此種分工合作之教學型態，頗能充分運用教師專長及教學媒體，在兼顧教師個別差異及學生個別差異下，進行大規模的教學活動。

　　實施協同教學必須有相關措施的配合。首先，必須增聘教學助理協助教師處理相關事務；其次，教學小組成員必須專長互補，並在小組召集人協調之下確實分工合作；第三，學校必須實施彈性課表，以利不同教學活動之銜接；第四，學校必須實施混齡教學，以便有效實施教師混合編組；第五，學校必須配合大班教學、小組討論、個別學習之需要，規劃設置不同的學習空間；最後，學校教學設備及教學媒體必須充實完整。

　　九十學年度國民中小學實施九年一貫課程之後，要普遍實施協同教學，各校必須在人員、編班、課表、空間、設備等方面進行全面性的調整，可謂工程浩大，困難重重。各校如能及早規劃、並擷取「協同教學精神」，進行漸進式的調整，當可收到協同教學預期的效果。

# 卷宗評量

卷宗評量（portfolio assessment）一詞，尚無統一譯詞，又稱檔案評量、卷例評量、個人作品選集評量。它係指教師指導學生有系統的蒐集其作品，並置於資料夾內，然後教師根據資料夾內的作品予以評量，以瞭解學生之學習過程及結果。

卷宗評量最常用於語文學習，但在某些專業領域曾廣泛使用，例如：攝影師、藝術家、建築師、新聞從業人員……等，都會把自己的作品彙整成冊，以展示其專業能力和成就。當然，這些作品是屬於最新的（updated）資料，才有價值。

卷宗評量是一種相當新的評量取向，班級教師實施卷宗評量，常常需考慮下列事項：(1)確定每位學生都有自己的資料夾，便於蒐集自己的作品；(2)決定需要蒐集哪些作品，可由師生共同討論決定；(3)蒐集和保存作品，教師宜個別指導學生把作品置於資料夾內；(4)選定評量作品的標準，可由師生共同討論決定，但標準必須清晰明確；(5)要求學生持續不斷的評估自己資料夾內的作品，教師可設計一張學生自我評量表；(6)安排卷宗評量會議，不僅是在評量學生的表現，而且也在幫助學生改進自我評量能力；(7)鼓勵家長參與卷宗評量過程，讓家長能主動檢視孩子的作品。

卷宗評量有下列的優點：(1)重視學生個別的需要、能力

和興趣；(2)強調學生真實生活的表現；(3)師生共同參與評量的過程；(4)幫助別人瞭解自己的學習成就。然而，不可否認，也有下列的限制：(1)使用上相當費時費力；(2)學生個別差異大，評分表設計不易，評分之信度受到質疑。

　　總之，卷宗評量就其革新傳統評量方式而言，的確有其價值，所以在美國有些州，如賓州（Pennsylvania）的匹茲堡學區、佛蒙特州（Vermont）……等都在試行卷宗評量；此外，密西西比州（Mississippi）更將卷宗評量用之於師資培育。目前，國內有關卷宗評量之專文介紹也愈來愈多，顯示這種評量方式已逐漸受到國人的重視。當然，卷宗評量不可能取代所有的評量方式，但是對於改進當前評量的缺失，是有其參考價值的。

# 知識經濟

　　知識經濟（knowledge economy）在美國稱為新經濟（new economy）是指以知識與資訊的生產、傳遞、應用為主的經濟體系。也就是說，在知識經濟體系國家，知識是促進經濟成長、創造財富、以及提供工作機會的主要動力。而教育在知識經濟體系中，扮演著關鍵性的角色。

　　知識經濟的概念可遠溯於奧地利經濟學家賣樂普（F. Machlup）在 1962 年出版的經濟學論著《美國的知識生產和分配》。此後，大約每十年，強調知識導向經濟的重要論著相繼出現，持續推動知識經濟的概念。如十一年之後，貝爾（D. Bell）在 1973 年出版《後工業社會的來臨》一書，指出以知識與資訊為基礎的服務業，正超過傳統的工業成為美國經濟的主軸。1980 年，著名的未來學者托夫勒（A. Tofler）出版《第三波》（*The third wave*）一書，說明後工業社會的發展趨勢與特徵，並引起搶讀風潮。1993 年，美國管理學大師杜拉克（P. Druck）出版《後資本主義社會》（*Post-capitalism Society*）著作，主張在資本主義之後的知識社會，資本不再是主導經濟發展的力量，知識的運用與製造才是經濟成長的動力。1996 年，經濟合作暨發展組織（Organization for Economic Cooperation and Development，簡稱OECD）出版「以知識為基礎的經濟」系列報告，將知識經濟界定為與農業經濟、工業經濟並列的新經濟型態。世界經濟的發展已經從農業社會的

勞力密集,到工業社會的資本密集、技術密集,轉為追求知識經濟的知識社會時代。

新的知識經濟體系具備四項特徵:第一,新的觀念及新的科技相當普遍;第二,人力資源發展系統相當普及;第三,具有健全的資訊基礎建設;第四,政府以及經濟環境支持企業發展與革新。近幾年來,先進國家相繼推出以知識為基礎的經濟發展方案,我國行政院在民國八十九年九月將發展知識經濟體系列為重要施政目標,並於同年十一月舉辦「全國知識經濟發展會議」,朝「高成長、高所得、低物價、低失業」的知識經濟願景邁進。

在實施知識經濟最為成功的美國,校園已經成為創業的搖籃。在亞洲的新加坡,課程、教師、學生方面的教育改革以上網與創意為核心。整體來說,校園師生的創意與科技的應用,是創造知識經濟的重要動力。因此,面對知識社會的來臨,教育單位及人員宜有以下的體認:認識並接受知識經濟時代的來臨、電腦網路為教育人員必備的重要知能、創意教學為教師效能的重要指標、建立知識管理體系以促進知識的產出、傳遞與應用。

# 知識管理

　　知識管理（knowledge management，簡稱 KM）係指將組織內的資訊和人員作有效的管理和整合，透過組織成員知識的共享、轉化、擴散等方式，成為團體制度化的知識，促進知識的不斷創新，以增加組織的資產，擴增組織的財富和創造組織的智慧。

　　論及「知識管理」，必須先釐清「知識」在認識論上「實證論」（positivist）與「建構論」（constructivist）的觀點。前者視知識為一產品（object），所以是人為的、靜態的、形式的與永恒的物品，其價值不會隨時間而改變，依此知識就成了可以傳遞與共享的經驗或資訊；後者則視知識為一過程（process），是有機的（organic）、流動的、動態的，是一改變與演化的持續狀態，而這意謂著知識的創造包含了社會的互動、回答問題或參與問題解決。

　　基於上述有關知識的兩種相對之認識論，所以就產生兩種知識管理的內涵：(1)知識管理視為資訊管理（knowledge management as the management of information）：持此一觀點的論者在認識論上屬實證論者，重視電腦與資訊科學等學科，要求實務工作者的焦點在於技術和能力，在研究成長方面屬技術導向，成長快速，知識創造的重點則在人工智慧、資訊系統的建構與資訊處理。(2)知識管理視為人員管理（knowledge management as the management of people）：持此一觀點的論者

在認識論上屬建構論者，重視心理學、哲學、社會學與企管等學科，對實務工作者的要求則在於人員和環境，在研究的成長方面則絕大多數植基於人類學，成長緩慢，知識創造的重點則在改進個人與團體的能力與潛能。

　　資訊科技開啟「知識革命」的前端，激起「知識管理」的發展，知識管理也將帶動整個組織的革新，不管是企業界或政府機構也開始積極推動「知識管理」，藉以強化組織的生產力和競爭力，學校在此大環境下，推動知識管理，實屬刻不容緩之事。惟學校推動知識管理必須以「人」為主體，並善用資訊科技產物，換言之，必須將組織成員系統與資訊系統進行有效的結合，並塑造一種知識共享的文化，才能讓學校成員成為知識工作者，具有知識生產力，對於提升組織的智慧才具有積極的功效。

# 社區學院

　　社區學院（community college），它可視為高等教育和終身教育的一環，提供有志學習者自我充實或繼續接受高等教育的機會。

　　社區學院的發展，可說以美國最具典型，最早可追溯於 1901 年由布朗先生（J. Stamley Brown）在伊利諾州（Illinois）喬立特（Joliet）所設立的初級學院（Junior College），招收高中畢業生修習大學課程，不收學費，最初發展很慢，直到 1920 年代以後，才逐漸增加。

　　在 1930 年代、1940 年代之間，初級學院很重視技藝職業訓練，到了 1960 年代以後，很多初級學院轉型為社區學院。事實上，初級學院和社區學院是可以互換的，都是屬於同樣性質的機構，只不過是社區學院所提供之教育活動要比初級學院為廣，例如：技藝訓練、社區服務、沒有學分的繼續教育等等。

　　基本上，社區學院具有其獨特性，不完全是高等教育，但又具有繼續教育的功能，它主要目的有下列七項：(1)提供學生進入四年制大學的學術計畫，(2)提供中學後期學生的技藝和專業預備計畫，(3)提供所有學生的通識教育，(4)提供成人一般、文化和職業方面的繼續教育，(5)實施部分時間制，(6)協助社區服務，(7)提供學生諮商與輔導。故其課程具有多樣性、實用性，但亦不忽視學術性課程。一般而言，凡是具

有高中文憑或同等學歷，或者是十八歲以上能夠從教學獲益者，都可申請入學。由於社區學院頗能符合民眾需求，故目前美國社區學院之發展極為迅速。

隨著世界教育潮流的發展、以及適應未來社會的需要，並能提供民眾終身學習的機會，我國發展社區學院，是有其需要性和迫切性的。因此，行政院教育改革審議委員會在第二期諮議報告書即明確建議成立社區學院，目前教育部為辦理國民繼續進修教育，提供人文素養與技術職業專業知能，促進國民終身學習，經擬定「社區學院設置條例」草案，並已由行政院核轉立法院審議，未來社區學院的成立，將提供社區民眾進修機會，可謂具有時代性和前瞻性。

# 服務學習

　　服務學習（service learning）是指透過社區服務的過程，使學生學習公民責任，以培養未來良好公民的學習活動。

　　近年來，服務學習成為教育學習的重要議題，究其原因在於美國近十年來的大力推動。相關研究雖然一致發現，美國年輕一代投入志工的人數高於從前，但是青少年人際之間的不信任感以及對於民主活動的冷漠卻相當普遍，他們對於自己未來的關心遠超過對社區的認識與付出。因此，民眾便要求教育工作者應該加強學生公民責任與社區服務的學習活動，進而發展出系統性的服務學習課程以及現代化的公民教育（civic education）課程。

　　美國聯邦政府為推動服務學習，相繼在 1990 年通過「國家與社區服務法」（National and Community Service Act of 1990）、1993 年通過「國家與社區服務信託法」（National and Community Service Trust of 1993）等法案，並依法擬定相關施政計畫。1993 年，馬利蘭州（Maryland）通過立法，要求 1997 年以後入學的中學生必須服務滿七十五小時才可以畢業，成為全美第一個將服務學習列為必修課程之地區。1997 年，各州教育協會（Education Commission of the States）訂定「學習暨公民公約」（Compact for Learning and Citizenship），全力推動將服務學習統整納入中小學教育課程中。目前全美已經有數百個學區將服務學習列為必修課程。

　　服務學習的內容很多，最主要包括社區衛生、教育、環境、安全等方面之服務與學習。但服務學習不等於服務，服務學習是一種課程，有具體的學習目標，並化成學習單元，讓學生事前準備與事後討論，且根據社區需要不斷的修正與改進。基本上，服務學習是以社區為教科書，讓學生透過社區的服務過程，學習到社區公民的責任。服務學習不僅可以達到認識社區的學習目標，而且可以幫助周遭的社區，可以說互蒙其利，服務學習已成為一種良性循環的學習活動。

　　相關研究指出，有些學區實施服務學習的結果，經常反客為主，過度強調投入社區服務而將學習目標擺在一邊，也有淪為宗教、童軍等團體幫傭，或形式化的服務行為等情況，受到教育界的批評。但是相關研究也發現，良好的服務學習設計，可以幫助學生提升問題解決的能力以及服務的熱忱，並強化學校、社區關係。目前國內正在積極推動服務學習活動，如何將其融為學習的一部分，以陶冶學生的服務情操與公民責任，並避免形式、矯枉過正式的負面結果發生，實為重要課題。

# 建構教學

　　建構教學（constructivist teaching）又稱「建構主義教學」，它是由建構主義（constructivism）學者們（如：E. von Glasersfeld；K. R. Popper；……等）所提倡的，他們認為個體和外界環境互動過程中，會根據自己已有的知識來理解周遭的環境，所以個體知識的形成係主動建構而不是被動接受。因此，教師應該提供一種有利於學生主動建構知識的環境，幫助學生能夠自我學習與成長。依此而言，建構教學可簡單視為教師提供學生主動建構知識的一種教學方法。

　　建構主義的起源甚早，可追溯到十八世紀康德（Immanuel Kant）的批判主義（criticism）；但在教育學界或心理學界，常將建構主義之起源歸結於皮亞傑（J. Piaget）及布魯納（J. Bruner）等人，他們都認為傳統行為主義者（behaviorist）的教學建立在直接觀察和外在控制的方式上，是無法發展學生有意義的學習的，這種教學違反人類學習的建構本質，應該加以揚棄。所以，直接教導、反覆練習等都不是好的教學方法，最好都採用發現式教學法、問題解決教學法或合作學習，培養學生主動學習能力。

　　因此，建構教學的教師角色，只是教學活動的促進者，而不是教學活動的主控者，其任務只在協助學生建構自己的知識，所以教師採用教學評量的方式，可能各式各樣都有，不再只有紙筆式評量，也許還包括實作評量（performance assessment）、真實評量（authentic assessment）、卷宗評量（portfolio assessment）⋯⋯等，對於教師可說具有相當大的挑戰。所以，建構教學的教師，必須不斷的反省及調整自己的教學內容、方式和評量，才可算是在從事建構教學，也才足以讓學生能夠培養自我學習能力。

民國八十二年公布的「國民小學課程標準」中，數學科教育目標強調建構數學概念，從八十五學年度起，新數學課程逐步改採建構教學方式，對教學激起相當大的革新作用，但也在國內引起廣泛討論。事實上，建構教學並不是教學的萬靈丹，仍有學者們質疑「是否所有學習者都適合在建構教學環境下學習？」「學習者是否有足夠能力自己主動建構複雜的知識？」都是值得討論的課題。

平心而論，傳統教學有其優點，建構教學有其長處；若要全部以建構教學取代傳統教學，未免強人所難，恐會流於學術「一元化」之譏。因此，如何吸取建構教學的長處來彌補傳統教學之不足，可能較易獲得廣大教師們的支持；也是一種較為穩健的做法。

# 個別化學習

　　個別化學習（individualized learning）是指一種系統化的教學策略，教師依據學生的個別需求安排學習活動，學生依據自己的學習速度彈性學習教師引導設計之內容，而不統一學習進度，目的在使學生都能充分達成學習目標並培養獨力學習的能力。

　　個別化學習最早使用於特殊學生的學習設計，由於特殊學生個別差異很大，不能統一學生學習進度及內容，因此，在學習活動的安排上，每一位學生的學習進度及內容都是相當獨立的。換言之，學生的學習活動是個別進行的。由於在常態之下，一般學生之間也有明顯的個別差異存在，所以個別化學習的理念很快也就應用於一般學生的學習活動。另外，隨著教育思潮及社會需求的轉變，學生在學習過程中不僅要學習合作的態度，也要建立自我學習的能力，以達成終身學習的目標。因此，合作學習與個別化學習便成為學習過程中不可偏廢的二個環節。

　　個別化學習的特徵有兩項，其一是學生依據自己的學習速度學習，其二是學生學習時間及內容的彈性化。為了配合這兩項特徵，教師在教學活動設計之初，通常可以考慮採用協同教學的方式，並以電腦科技輔助學生個別學習。使用協同教學時，可以安排部分學生上團體課程，部分學生上個別課程，分別由協同教學之教師進行輔導。運用電腦科技，可

以讓學生依據自己的學習速度及進度，在彈性時間下進行自我學習，以達成甚或超越教師設計之教學目標。

　　個別化學習的教學計畫通常包括六個要項：(1)確定教學目的，使學生充分瞭解自己的學習目標；(2)編選教材，統整個別學習的學習內容；(3)安排個別學習的環境，包括學習場所及學習資源及安排；(4)進行個別學習，分別由協同教師輔導，或透過電腦系統自我學習；(5)進行教學評量，以瞭解教學設計之良窳與學生學習目標之達成情形，以及學生獨力學習的能力；(6)修正教學設計，不斷改正教學缺失，以提高學生學習效果。

　　個別化學習是教學策略的一種，其優點在於能適應學生個別差異以及培養獨立學習的能力。個別化學習如未能配合合作學習等教學方式交互使用，極容易產生弊端，如：只關心自己的學習目標，不理會他人的學習目標；學生獲得之關懷與支持僅限於教師或電腦；缺乏學生之間的互動等。因此，在教學過程中，綜合運用各種教學方式是確保有效教學的不二法門。

# 校長評鑑

校長評鑑（principal evaluation）係指對於校長的表現進行判斷，以瞭解校長表現的優劣和提供校長改進缺失的過程。

就校長評鑑的本質而言，它是一種持續發展的過程，具有其動態性；就其功能而言，一方面評估校長辦學績效，一方面協助校長專業成長。

校長評鑑可以證明（prove）自己所表現的成就；亦可用來改進（improve）自己的缺失。因此，善用校長評鑑，不僅有益於校長自我專業成長；而且有利於學校組織的發展。一般而言，校長評鑑主要有兩種類型：一是形成性評鑑（formative evaluation）；另一是總結性評鑑（summative evaluation）。前者是屬於非正式的，旨在幫助校長自我改進；後者則是更具結構性，目的在於精確評量出校長的表現，作為校長加薪或續聘依據。

為了有效精確評量校長辦學績效及缺失，校長評鑑規準（criteria）的建立就顯得相當重要。基本上，若依其校長所扮演角色及其應發揮之功能，其規準可以包括下列五方面：⑴行政管理：包括學校校務發展計畫（學校目標與發展願景）訂定與執行，學校人事、財務、經費、設備、資源的管理；⑵教學領導：包括營造教學環境、指導教學策略、領導教學活動、落實教學評鑑、協助教師專業成長；⑶課程發展：包括協助教師課程發展與設計、評量學生學習進步；⑷

道德領導：包括克盡職責、以身作則、專業成長、維護學生
受教權利；(5)公共關係：包括代表學校對外發言、參與社區
活動、維護學校形象等。

　　校長是學校的靈魂人物，有效能的校長是有效能學校的
關鍵之所在。是故，為了發展一所有效能的學校，校長的專
業知能、辦學理念和績效表現，就顯得格外的重要。因此，
它必須經由謹慎和客觀的評估，才能瞭解校長能力及其表現
之優劣，此乃強化了辦理校長評鑑的正當性、合理性和必要
性。但是校長評鑑並不是一件容易之事，除了評鑑量表設計
和校長抗拒問題外，而且也需要花費大量的時間和經費，這
些困難都有待加以克服。

　　教育行政機關實施校長評鑑，對於校長而言，常常構成
很大的心理負擔，尤其評鑑涉及到校長續任與否，攸關校長
生涯發展，更有一股沈重的壓力，校長們更是戰戰兢兢，如
臨深淵，如履薄冰，以戒慎恐懼的心情看待評鑑。其實，校
長們也不必過度擔心，一位辦學績優的校長，透過校長評
鑑，一方面可以展現自己的辦學績效，使其更具公信力與說
服力；另一方面其結果亦可以獲得師生和家長們的肯定。所
以，校長們應該以平常心看待校長評鑑，讓校長評鑑的壓力
轉化為自我成長和學校發展的助力。

# 校務評鑑

　　校務評鑑（school evaluation）是指系統化蒐集學校發展計畫的規劃、執行與結果等方面的相關資料，並加以客觀的分析與描述，以作為判斷學校績效或協助學校持續改進的過程。

　　在 1960 年代至 1970 年代之間，美國聯邦政府大量推出教育與訓練革新方案，為提高各項實施方案的合理性與有效性，因此積極發展「方案評鑑」（program evaluation）的理論與方法，奠定了現代各項教育評鑑的基礎。方案評鑑實施之初，主要目的在瞭解教育需求為何、確保方案的落實推動、檢視實施成果以及評估方案的實施績效，以作為最佳決策的依據，基本上屬於績效以及結果為導向的外部評鑑方式。

　　自 1980 年代以來，英、美等國學校本位管理的主張高唱雲霄，評鑑的對象遂由方案本身轉為學校，藉以瞭解學校自主經營之後，其校務發展情形為何、辦學績效為何。1990 年代初期，由於依據方案評鑑所設計的校務評鑑實施結果，造成學校過度依賴外部的評鑑機制，學校缺乏自我覺醒的意識，因此，透過學校內部的自我評鑑也就成為重要的評鑑途徑，並同時重視協助學校持續改進的評鑑功能，期望透過學校自我評鑑的過程，帶動學校革新風氣。

　　到了 1990 年代末期，績效的概念再次受到重視，美國聯邦及各州政府責成自主經營的學校負起成敗責任，形成績效

責任（accountability）運動，因此，外部、內部以及績效、持續改進導向的評鑑齊頭並行實施。2001 年 12 月美國參眾兩院通過小布希總統的教育革新法案之後，該項法案有漸漸重視學校績效評鑑的趨勢。

就功能而言，校務評鑑大致可以分為需求評鑑、過程評鑑、結果評鑑以及效率評鑑等項，分別瞭解學校校務發展的需求情形、執行與運作情形、執行的成果以及執行的效率。政府或學校單位可以視發展需要，選擇其中一項或多項為重點，進行評鑑，不過不論重點為何，都必須長期、審慎發展標準化的評鑑指標及程序（含人員訓練）。

國內校務評鑑的實施約在民國七十八年左右，當時台北市以國小為實施對象，並以教務或總務等局部的學校事務為範圍，並以績效考核為主軸。後來雖加入追蹤輔導改進的精神，但實質上仍以績效評估為核心，並偏重於行政事項的評鑑，造成學校行政人員的重大負擔。近兩年來，由於校長遴選制度的需要，教育部及各縣市政府又開始規劃實施以全學校為對象之中小學校務評鑑活動。

但是現階段我國正處於全面推動教育改革時期，必須激起學校自主革新風潮，而且評鑑指標與程序均尚未完全標準化，評鑑人員也未經系統訓練，因此，宜重視協助學校持續改進式的需求性、自我評鑑，不宜過度強調績效評鑑，並且明確指出行政、教師、學生、家長在校務發展中所扮演的角色，以激勵學校全面革新。而評鑑指標及程序的標準化，也有賴學術與實務單位的持續努力。

# 案例教學法

案例教學法（case methods）係指教師在教學過程中，以真實的班級生活情境或事件為題材，提供學生相互討論之用，以激勵學生主動參與學習活動的一種教學方法。

案例教學法起源於 1920 年代，由美國哈佛大學商學院（Harvard Business School）所倡導，當時是採取一種很獨特的案例形式的教學，這些案例都是來自於商業管理的真實情境或事件，透過此種方式，有助於培養和發展學生主動參與課堂討論，實施之後，頗具績效。這種案例教學法到了 1980 年代，才受到師資培育的重視，尤其是 1986 年美國卡內基小組（Carnegie Task Force）提出《準備就緒的國家：二十一世紀的教師》（*A Nation Prepared: Teachers for the 21st Century*）的報告書中，特別推薦案例教學法在師資培育課程的價值，並將其視為一種相當有效的教學模式，而國內教育界開始探究案例教學法，則是 1990 年代以後之事。

基本上，案例教學法是一種以案例為基礎的教學法（case-based teaching），案例本質上是提出一種教育的兩難情境，沒有特定的解決之道，而教師於教學中扮演著設計者和激勵者的角色，鼓勵學生積極參與討論，不像傳統的教學方法，教師是一位很有學問的人，扮演著傳授知識者的角色。

案例教學法的過程，大致可以歸納如下：(1)蒐集班級真實生活情境資料；(2)將所蒐集資料形成教學案例；(3)進行班

級團體討論或班級小組討論;(4)討論中,成員輪流擔任領導者角色;(5)歸納各組或團體意見。在案例討論過程中,可以質疑他人的想法,學習如何發問,進而學習到獨立思考、與人相處、解決衝突、尊重他人等能力。

傳統的師資培育課程,所重視的專業基礎課程,例如:教育概論、教育哲學、教育心理學、教育社會學、教育史等,這些課程一向被批評為過於偏重理論知識而忽略實務知識,導致學生學習效果在未來投入教育職場上,所能發揮的作用相當有限。因此,這些課程若能結合案例教學法,除可改善目前一些教學上的缺失外,亦可讓學生習得教學實用知識,以及培養出反省思考和主動探究能力。

總之,案例教學法對於師資培育革新具有實用價值,尤其在師資培育職前階段,更可幫助職前教師建立其教學實務知識。惟因這種案例教學,需要事前準備案例教材,以及花費時間較多,都使案例教學法受到一些應用上的限制。然而,處在師資培育愈來愈重視教學方法改善的時代,案例教學法是有其相當大的發展空間的。

# 特許學校

　　特許學校（charter school）是自 1990 年以來，在美國興起的眾多公辦民營學校之中的一種學校類型。

　　自 1991 年以來，美國已經有超過三十九個州通過立法，允許特許學校的存在，而自 1992 年明尼蘇答州的聖保羅市立中學（St. Paul City Academy）成為全美第一所特許學校之後，柯林頓總統（President Clinton）在 1997 年國情咨文中，特別提出在 2000 年要使特許學校超過三千所以上，截至 2002 年 9 月，全美國特許學校數量已達到二千七百所，目前特許學校已逐漸成為美國中小學的主流。

　　特許學校是經由州政府立法通過，特別允許教師、家長、教育專業團體或其他非營利機構等私人經營公家負擔經費的學校，不受例行性教育行政規定約束。這類學校雖然由政府負擔教育經費，但卻交給私人經營，除了必須達到雙方預定的教育成效之外，不受一般教育行政法規的限制，為例外特別許可的學校，所以稱之為「特許」學校。

　　進一步來說，特許學校是經過法律授權而產生的新興學校，其設立必須經過教師或其他人員擬具學校經營理念向地方學區提出申請，經學區核轉州教育廳核定。經教育廳「特許」後，多數的州會由申請人組成自治團體，獨立經營學校。經核准之特許學校像其他公立學校一樣，必須接受所有的學生，不得有任何的限制，所需經費也依據學生人數的多

寡由政府從整體的教育經費中支出,如果其他公立學校的學生轉學到特許學校,原學校的學生單位經費也同時轉撥到新就讀的學校,如從私立學校轉學而來,則由政府撥給增加學生所需的經費。特許學校與政府之間是一種契約的關係(通常三至五年),學校必須在契約規定期間保證達成雙方認可的經營目標。這種目標通常是以改進學校教學現狀為主,因此,多數屬於教育革新的實驗學校。也因為是教育實驗性質,所以特許學校通常可以免除例行性教育行政法規的限制,如各學科授課時數、教學進度、教師工作準則、薪資規定以及例行性的報表等。

美國的特許學校一方面具備公立學校公平、公正、低學費的優點,另一方面又有私立學校重視經營績效的優點,同時也可以激發各種創新的教育實驗,並且可以透過競爭壓力,刺激一般公立學校提升學校經營及教學品質,因此,已成為美國新世紀學校的典範。此種型態的公辦民營學校的功能,與我國正努力提升教育品質的方向是一致的,因此甚值得參考。

# 眞實評量

　　自從評量學者 Grant Wiggins 於 1989 年在 Phi Delta Kappan 發表《真正的測驗——更真實、更公正的評量》（*A true test: Toward more authentic and equitable assessment*）這篇文章之後，真實評量（authentic assessment）的觀念，與卷宗評量以及實作評量成為美國教育評量改進運動的三大趨勢。

　　真實評量與卷宗評量、實作評量一樣，都是美國近十年來教育改革運動之下的產物。真實評量是指能評量出被評量者真正能力的測驗理念與方法而言，換句話說這種測驗的理念與方法重視的是實質內容的評量，而不是形式的評量。真實評量的目的在於確切瞭解被評量者實際具備某種能力的程度，以作為教育改進的依據。由於美國教育改革強調提升學生的基本能力，因此，如何評量出學生的真正能力，並評估學生能力與既定標準之間的差距，進而謀求補救與改進之道，便成為當務之急，而真實評量的觀念與方法乃因應而生，成為眾所注目的焦點。

　　在教育實際實施上，真實評量強調教師以直接測量受測者行為表現的方式，評量學生的真正能力，最主要用於道德行為的評量，也可用於其他，例如：要求學生解答一個數學問題、寫一篇報告、做一個實驗、找出機械故障的原因等，學生實際表現的結果，一方面代表其理解的程度，另一方面代表其能夠做到的程度。由於真實評量講求真正能力的測

得,因此,評量內容必須與具體的能力指標密切配合,確定能力指標之後,評量的內容才有依據。目前美國產、官、學界正如火如荼展開的「標準本位」運動,目的就是在發展中小學學生基本能力的具體指標,以作為評量學生的客觀依據。另外,配合直接評量的實施方式,教師必須不斷觀察學生的行為表現,並將觀察的結果記錄下來,且做有系統的整理,分析學生真正瞭解了什麼?瞭解的程度為何?

　　國內正值教育改革的熱潮,因此,真實評量的觀念也開始受到教育理論與實務工作者的重視。真實評量的實施必須以基本能力指標為內容,以觀察記錄、實作表現的分析、整理為方法,因此,建立具體而適切的學生能力指標、教師具備敏銳的觀察力與分析能力、以及教師有足夠時間從事觀察記錄與分析,是影響推動實施真實評量成敗的關鍵,當然,家長的接納與配合也是不可或缺的要素。

# 高中職社區化

　　「高中職社區化」是指教育部為均衡高中職發展、整合高中職資源，使國中畢業生能就近升學高中、高職的一種策略性規劃，目的在達成均衡高中職教育品質、學生適性學習以及就近入學，以建構高中職「就學社區」的理想，並為十二年國教作準備。

　　民國八十八年，教育部技術及職業教育司即著手規劃高中職社區化方案，並於九十學年度開始試辦，預計自九十二學年度起加速推動實施。依據教育部民國九十一年修正發布的「高中職社區化推動方案」，教育部將訂定「高中職社區化中程計畫」，自民國九十二年至九十八年，透過獎補助學校、整合區域教育資源以及提供就近入學獎學金的策略，在為期六年的時間之內，加速推動此一方案。

　　教育部推動高中職社區化的具體措施，包括(1)獎助私立高中職，改善學校教學資源，提高其競爭力，以爭取社區認同以及國中畢業生就讀意願；(2)補助公立高中職，改善教學資源並提高辦學績效，以提升其教育品質；(3)鼓勵鄰近學校辦理教育合作事宜，共同規劃入學、課程、資源的整合，以均衡資源差異；(4)獎勵應屆優秀的國中畢業生升學當地的高中職，均衡各校發展；(5)依據現行就學區域現況、地區需求、學校特色以及資源分布情形，規劃出全國就學社區藍圖，國中畢業生依據就學區入學。

換言之，規劃中的高中職社區化方案，主要目的在於均衡現存高中、高職的素質，讓每一所高中職都成為大家嚮往的升學對象，避免國中生僅以少數學校為升學志願，使國中畢業生樂意在居住地區就近升學，以奠定實施十二年國民教育的基礎。

　　高中職社區化方案如能貫徹實施，確實有引導學生就近升學高中、高職的功能，但在實際實施的過程當中，仍有一些瓶頸亟待突破。如不同地區、不同類別的學校，資源差異相當大，短期之內要達到均衡的狀態，不太容易；公私立學校學雜費的落差也相當大，如何克服也是一大難題；高中職招收學生總數雖然高於應屆國中畢業生人數，但不像國中一樣普遍設置，只集中在部分地區，許多地區仍無高中或高職；而家長對於子女升學志願選擇的影響力仍大，明星高中、高職還是有市場上的需求；在整體規劃中，缺乏學校與社區生命共同體的營建策略，很難達成真正的社區化。

　　為落實高中職社區化的理想，宜分析各校資源現況，重點補助資源不足的學校；透過教育券的方式，解決公私立學校學雜費差距的問題；在沒有高中職的地區，將國中改制為完全中學或綜合高中；允許高中職保留部分名額自行招生，滿足部分家長與學校主動選擇的需要；建立社區與高中職的交流機制，發展具有社區意識的教育學園。

# 基本能力

　　基本能力（key skills 或 key competencies）係指學生應該具備重要的知識、技能和素養，俾以適應社會生活。所以，基本能力可以說是預期學生經過學習之後需要達到的能力，有了這些基本能力之後，將來可以有效的適應社會生活。基本能力的內容，會隨著社會的變遷有所不同。在十八世紀的社會裡，基本能力的內容只包括讀、寫、算的能力；但是到了二十世紀的社會日趨複雜，舊有的基本能力可能不符社會之所需，所以基本能力的內容也逐漸擴大，例如：資訊處理及運用的能力，也將成為基本能力內涵的一部分。

　　美國二十世紀六十年代課程改革的部分內容過於理論化，致使所培養出來的學生缺乏就業的基本知識，也缺乏工作的基本技能，又不能適應勞動市場的需要。到了七十年代，開始提倡「回歸基礎教育運動」（Back to Basics），加強普通學校的讀、寫、算基礎知識和技能教育，各州制定最低課業標準和最低能力測驗，以提升學生讀、寫、算、推理、學習、電腦使用等各種能力。

　　事實上，基本能力的提倡，不僅發生於美國，澳洲九十年代的教育改革，即以「學以致用的關鍵能力」為重點，他們稱之為「為工作、為教育、為生活的關鍵能力」，這些關鍵能力包括蒐集、分析、組織資訊的能力，表達想法與分享資訊的能力，規劃與組織活動的能力，團隊合作的能力，應

用數學概念與技巧的能力，解決問題的能力，應用科技的能力。

這一波基本能力的重視，我國亦不落人後。於九十學年度實施的九年一貫課程中，即以培養現代國民所需的十大基本能力為目標，其內容如下：瞭解自我與發展潛能；欣賞、表現與創新；生涯規劃與終身學習；表達溝通與分享、尊重、關懷與團隊合作；文化學習與國際理解；規劃、組織與實踐；運用科技與資訊；主動探索與研究；獨立思考與解決問題。基本能力的訴求，在終身學習的社會裡，的確有其時代的意義和價值，但是令人疑惑的是，這些基本能力能夠轉化到實際的生活經驗上嗎？它又如何去評量呢？身為教育工作者的教師，又有這些能力嗎？是故，二十一世紀的公民是否能夠具備這些基本能力？這些基本能力如何應用到實際生活上？將成為教育決策者和教育實踐者一大挑戰。

其實，基本能力和基本學力關係極為密切，有了基本能力的提倡，就會帶動政策、師資、課程和教學等層面革新，然後為了瞭解學生學到了哪些能力，就必須訂定基本學力指標和基本學力測驗。所以，基本能力可以說是基本學力的先前工作，透過基本學力測驗，驗證學習者的基本能力。因此，在課程改革的過程中，一方面要重視基本能力；另一方面也要重視基本學力。

# 基本學力

　　基本學力（key achievement）中的基本是指共同的、基礎的事或物，學力是指學生在接受某個階段的學校教育之後所學習到的一切能力或成就表現。基本學力因此是指所有學生接受學校教育之後，共同習得之最基本的能力或成就表現。換言之，基本學力是學生學習結果中，最核心、最基礎的部分，也是所有學生學習過後普遍必須具備的最低限度之能力。

　　近十年來，歐美教育先進國家有鑑於人力資源對於提升國家競爭力的重要性，紛紛投注於各級教育學力指標之研究，期能建立適切的學習成就標準，以作為提升教育品質之依據。由於中小學為教育體系中最基本的教育階梯，影響極為深遠，因此，中小學基本學力之探究尤其受到重視，近年來並已有具體成果。

　　基本學力包括學科知識、學習方法以及學習態度三個領域中最重要的能力，學生學習一個階段之後在基本的知識、方法、態度方面的成就，即構成學生在該階段的基本學力。至於實際的學習內容則相當廣泛，如美國最近之相關研究結果，將中小學學生學力劃分為「核心內容」、「統整推理」、「態度價值」三個面向，核心內容包括英文、數學、自然科學、人文及社會科學、音樂及其他藝術、外國語文等學習內容；統整推理包括科技素養、國際理解、多元主義、就業準備等學習內容；態度價值包括容忍、自我引導、責任感、受

教意願、學習熱忱、工作意願等學習內容。我國甫公布的
「國民教育九年一貫新課程」暫行綱要,把國民中學學生學
習內容依據個體發展、社會文化及自然環境等三個面向,規
劃出語文、健康與體能、社會、藝術與人文素養、數學、自
然與科技和綜合活動七大學習領域。這些學習領域是所有學
生必須共同學習的內容,但是由於受到學生個別差異之影
響,每一學生的學習成就(即學力)呈現高低不同之結果,
而所有學生必須達到的最低學習成就即為基本學力。

　　基本學力是由基本要求、學習結果、實際表現三者交織
而成的概念,因此很容易受到誤解。基本學力由於使用基本
二字,因此容易被誤解為是簡單、零碎、不重要的學習成
就;由於是以學習結果為依據,因此常被誤解為僅包括學科
知識之學習成就,或以學科知識成就為主;因為又以實際表
現為規準,所以常誤以衡量學生學習成就「高低」之工具作
為評量基本學力之依據。

　　事實上,基本學力是學生必備的最基礎也是最重要的關
鍵知能,更是兼具知識、技能、情意的統合知能,強調有無
而非高低的能力,此一知能為何應經審慎研究。現行基本學
力測驗僅能評量學科領域的學習成就而非關鍵知能,至於方
法與態度等方面之評量並未觸及,極易流於過於重視學科本
位之學習評量導向,而扭曲了基本學力的內涵。

# 基礎理論

　　基礎理論（grounded theory），又稱紮根理論或深入理論，係為質化研究方法（qualitative research）的一種，研究者對於自己所深感興趣的社會現象或教育現象，不斷思考如何蒐集、分析與報告資料，以發掘並建立理論。

　　基礎理論最初出現於葛拉瑟（B. G. Glaser）和史特勞思（A. L. Strauss）於 1967 年所出版的《基礎理論的發現》（*The Discovery of Grounded Theory*）一書中，主張透過資料的蒐集與檢驗的連續過程，以突顯研究現象的特質，此特質經過比較，若發現有相同的特質，則可歸納到抽象層次的概念；若發現有不同特質，則可探究造成差異的情境或結構因素。

　　基礎理論植基於實用主義（pragmatism）和象徵互動論（symbolic interactionism），因為受到實用主義的影響，故其相當重視研究結果的功用，其研究所建立的理論也是用來幫助瞭解現象及解決問題。此外也受到象徵互動論的影響，主張研究者進入社會情境裡研究，由情境的當事人去詮釋其社會現象，藉以瞭解社會現象。當然基礎理論的研究過程也相當遵循科學原則，從資料蒐集、假設驗證到理論建立，都符合科學的邏輯。

　　概念（concepts）、範疇（categories）和命題（propositions）乃是基礎理論的三大基本要素。概念是分析資料的基本單位；範疇則比概念層次更高，也比概念抽象，它是發展

理論的基礎；命題則是範疇和其概念，或者概念與概念之間
關係的類化，它可說是源於假設，只不過是命題偏重於概念
之間的關係，而假設則是偏重於測量彼此之間的關係。

　　一般基礎理論的研究過程主要可分為五個階段，第一階
段為研究設計階段：包括文獻探討及選定樣本（非隨機）兩
個步驟；第二階段為資料蒐集階段：包括發展蒐集資料的方
法和進入現場兩個步驟；第三階段為資料編排階段：依時間
年代發生先後順序的事件排列；第四階段為資料分析階段：
包括採用開放式登錄（open coding），將資料轉化為概念、
範疇和命題，以及撰寫資料綜合備忘錄和排列備忘錄；第五
個階段為比較階段：將最初建立的理論與現有文獻進行比
較，找出其相同相異之處，作為修正最初建立理論之依據。

　　基礎理論對於理論的建立和問題的解決，有其實質的價
值；可惜它在教育研究上應用並不是非常普遍，主要原因在
於研究過程相當費時，具有不確定性，研究者必須具備耐心
和毅力以及豐富的研究經驗，這些限制導致基礎理論不太為
一般的研究者所採用，但是隨著電腦資料分析軟體的研發，
可能有助於增加未來基礎理論應用的便利性。是故，在未來
的研究方法的採用中，基礎理論仍有其發展的空間。

# 專業倫理

專業倫理（profession ethic），係指某一專業領域人員（例如：醫師、律師、教師、法官、工程師、會計師、建築師……等）所應該遵循的道德規範和責任。有人常把「專業倫理」和「專業道德」一併使用，事實上，兩者都涉及到某種規範系統，只不過「專業倫理」較偏重於社會規範層面，而「專業道德」則偏重於個人德行實踐層面。

在任何專業領域中，如果專業自主性愈高，而且影響社會大眾福祉愈大，則對於專業自律要求愈強。所以在各種專業團體中，都會訂定「專業倫理信條」或「專業倫理準則」，規範和約束對於所屬會員在執行工作或與他人互動時的行為，以確保服務水準、增進社會福祉和贏得大眾信賴。各個專業團體的倫理信條或倫理準則的具體內容會隨著其專業特性有所不同，但其基本精神卻是一致的，都是規範成員的個人德性和社會責任。

雖然教師的專業特質，不像醫師、律師那樣的強而有力，但是其對於學生和社會的影響卻不在醫師和律師之下，所以更需要重視專業倫理的重要性，尤其在教師專業自主性愈來愈強的時代裡，教師處在「教室王國」的情境下，如果缺乏適當專業倫理的規範，稍一不慎，可能危及學生身心發展和未來幸福，那麼整個教育效能勢必受到嚴重挑戰。

我國早在民國六十六年十二月二十五日在全國教育學術

團體聯合年會中，通過中國教育學會所提的「教育人員信條」案。該信條係以「對專業」、「對學生」、「對學校」、「對學生家庭與社會」、「對國家、民族與世界人類」等五方面，分別列舉教師所應盡的職責與需達成的使命，作為全國教育人員專業修養的依據，可謂高瞻遠矚，然而並未引起教育界很大的影響，至為可惜。目前學校教師會和地方教師會紛紛成立，全國教師會也已經成立，為了提升教師專業形象和地位，深深期盼教師團體能夠倡導「教師專業倫理」作為第一要務，要求教師專業自律，矢志負起社會和國家託付教育學生之責任，並保障和維護學生受教權益。

英美國家對於教師專業倫理亦相當重視，例如：美國「全國教育協會」（National Education Association，簡稱NEA）曾於1929年訂定教師專業倫理準則，英國的全國教師工會（The National Union of Teachers）也訂定15條的教師專業倫理準則，以作為教師工作的依據。

雖然，教師專業倫理準則是一種內心性、自發性和自律性的行為，它不像法令那樣具有強制性、義務性和制裁性，萬一成員不遵守專業倫理準則，可能只受到該團體的譴責，而不一定會受到法律的處分。但是，教育是一種良心的工作，每個教育工作者心中應該有一把尺，時時心存「專業倫理」準則，來規範自我工作行為，並以追求學生福祉為己任。

# 專業發展學校

　　自從聯合國教科文組織在 1966 年所發表的「關於教師地位之建議書」中，建議各國齊心一致將中小學教學工作建立成為一種專門職業之後，中小學教師專業能力成長以及專業地位的建立已成為教育先進國家努力的目標，而美國 1990 年代以來專業發展學校（professional development schools）的誕生，為促進中小學教師專業能力永續發展、提升教師專業地位，最具體的努力成果之一。

　　美國專業發展學校的概念，是由美國著名的師資培育研究團體 Holmes Group 在 1988 年所提出的，該團體隨後在 1990 年發表相關的專題研究報告，報告以「明日學校——專業發展學校的設計原則」（Tomorrow's schools: Principles for the design of professional development schools）為題，提倡專業發展學校的理念與做法。該團體復於 1995 年發表「明日的教育學院」（Tomorrow's schools of education），持續倡導專業發展學校的理念。近年來，專業發展學校的成長相當快速，教育學院、較具規模的綜合大學相繼與中小學合作成立專業發展學校，成為美國師資培育改革的新主流。

　　專業發展學校是與師資培育機構共同合作，以培育中小學專業師資，促進中小學教師專業成長以及進行教學專業研究之公立學校。Holmes Group 認為，教學的專業訓練與研究、發展，必須建立在學校實際情境的基礎之上才有意義，

因此，師資培育機構有必要與中小學建立合作的夥伴關係，使中小學教師從職前專業訓練、在職進修，以至於從事研究的整體專業發展中，都能在教育實際情境中進行，而提供此一教育實際情境的學校就是專業發展學校。師資培育機構一方面透過專業發展學校培訓優質的中小學師資，另一方面提供中小學教師在職進修管道，並與中小學合作進行教育研究，達到互惠的雙贏局面。

　　依據 Holmes Group 的設計，專業發展學校具有五項特徵。第一，專業發展學校提供師資培育機構的準教師臨床實習機會，以增加教學經驗。第二，專業發展學校融合教育學者、學科專家以及中小學教師的力量，為改進教學效果而努力。第三，專業發展學校是師資培育機構與中小學共同研究的場所，透過雙方的合作，可以發現教育新知並激發中小學教師的研究風氣。第四，專業發展學校不斷進行創新的教學實驗。第五，專業發展學校是教師專業發展的地方，不論實習教師、合格教師、教育行政人員或大學教授，都在專業發展學校的良性互動環境中，不斷的成長。

　　我國師資培育新制大體採取美國專業發展學校的精神，規定師資培育機構必須以中小學為特約實習學校，以提供準教師教學實習的場所，落實師資培育成效。惟現行師資培育機構與中小學之間共同致力於教師專業發展與研究的夥伴關係仍相當薄弱，亟待加強。

# 情緒智能

　　情緒智能或稱為情緒智商（emotional intelligence，又稱 EQ），係指個體有效調適身心激動狀態的能力，例如：能夠激勵自己、克制衝動、為人著想、與人合作等，都是情緒智能的一部分。

　　「情緒」一詞係指任何激越或興奮的心理狀態，故其內涵相當複雜，一般所含的喜、怒、哀、樂、懼、恨、惡、慾都是屬於情緒。個體一旦受到外界刺激時，心理常會引起各種不同的反應；若是反應不當或過度，很有可能造成自己和別人的傷害；因此，妥善管理自己情緒，避免情緒失控，是個體生活適應與否的關鍵所在。

　　很多心理學家為闡釋情緒之概念，乃提出各種情緒理論。首先採取科學觀點，對人類情緒之變化進行合理而有系統解釋的，首推美國心理學家詹姆士（W. James, 1842－1910），企圖對刺激情境、生理變化和情緒經驗三者間關係提出解釋。由於過於強調情緒經驗係起於身體生理變化，乃為一些心理學者所反對。於是另一批心理學家史開特（S. Schachter）和辛格（J. Singer）於1962年提出情緒歸因論（attribution theory of emotion），認為情緒經驗係來自於個體對其生理變化和刺激性質的認知。

　　到了1980年代以後，一些心理學家試著更進一步瞭解情緒與人際能力對於人生的重要，例如：1983年美國心理學家

迦納（H. Gardner）出版《心理結構》（*Frame of Mind*）一書所提倡的多元智慧，將人際智能列入個人智能的重點之後，耶魯大學心理學家沙洛維（P. Salovey）和新罕布夏大學心理學教授梅耶（J. Mayer）乃創立情緒智能一詞，提出情緒智能五大要素：(1)認識自身情緒：某種感覺一產生，就能覺察到；較能瞭解自己情緒的人，較能駕馭自己人生。(2)妥善管理情緒：情緒激勵時，能夠保持冷靜，加以自制。(3)激發自己：積極樂觀、建立明確目標，激勵自己追求成就。(4)認知他人情緒：覺察他人的感受和需求，具有同理心。(5)人際關係管理：善解人意，與人相處良好；建立良好人際關係網路，幫助自己成功。

在 1995 年，美國時代雜誌（Time）專欄作家高德曼（D. Goleman）博士出版《情緒智能》一書，引起社會各界對於 EQ 廣泛的討論，EQ 遂成為社會大眾注目的焦點。因此，如何幫助學生和教師做好情緒管理，激發教育效果，也成為今後教育界所應努力的課題之一。

# 教育改革

　　「教育改革」一詞，又稱「教育變革」或「教育革新」，在英文中的「educational reform」、「educational innovation」、「educational change」、「educational improvement」等詞，均有教育改革的涵義。

　　所謂「教育改革」，係指在教育發展過程中，因應社會變遷及內在教育需求，對於教育現狀或教育問題，所採取各種興革措施，以謀求教育發展與進步。世界各國為厚植教育競爭力，無不致力於教育改革。是故，「教育改革」已成為一股教育風潮。

　　教育改革內容相當廣泛，舉凡教育制度、教育目標、教育組織結構、教育行政管理、課程與教學……等，均是教育改革的範疇。為使教育改革立即收到功效，有人主張進行體制外的改革，亦即所謂的激進式改革（radical reform），將舊有的內容全盤推翻，重新改造；但有人認為教育改革影響深遠，不宜躁進，故主張進行體制內改革，亦即漸進式改革（incremental reform），就現有的架構逐步修正改進，這兩種論點，各有其理由，究竟採取何種方式較為合適，應視其所處社會及教育環境而定。

　　教育改革方式，依其層級而言，主要有兩種：一是由上而下的改革（top-down）：由上級政府決定改革內容及策略，再交由地方及學校執行，在中央集權制之教育行政體制的國

家最為常見；另一是由下而上的改革（bottom-up）：由地方或學校，甚至教師主導教育改革策略，上級政府只是配合辦理，可說屬於一種彈性改革措施，在地方分權制之教育行政體制的國家較為常見。事實上，這兩種教育改革方式，看似相反，若能並行不悖，相互協調，將更易達成教育改革目標。

我國自從行政院教育改革審議委員會於民國八十三年九月十一日成立，以及教育部於民國八十四年二月公布「中華民國教育報告書：邁向二十一世紀的教育願景」以來，教育改革已成為當前政府重要工作之一。期間「行政院教育改革審議委員會」歷經兩年審慎研議，於民國八十五年十二月提出「教育改革總諮議報告書」，揭櫫教育改革五大方向：一、教育鬆綁；二、帶好每位學生；三、暢通升學管道；四、提升教育品質；五、建立終身學習社會，及八大改革重點項目。

民國八十六年教育部融合「教育改革總諮議報告書」之具體建議，及「中華民國教育報告書──邁向二十一世紀的教育願景」、「中華民國身心障礙教育報告書」、「中華民國原住民教育報告書」等施政構想，提出「教育改革總體計畫綱要」；之後為明確揭示教育改革重點，作為教育改革推動依據，又於民國八十七年綜合「教育改革總諮議報告書」重點項目，提出「教育改革行動方案」，積極推動十二項改革工作，並自民國八十八年起逐年召開全國性之教育改革檢討會議。

教育改革是一項艱鉅的工程，成功與否，端賴於正確的理念、明確的目標、周詳的計畫、具體的策略、充分的資源、全民的支持。因此，我國教育改革的推動，還有一條很遠的路要走。

# 教育券

　　教育券（vouchers），或稱教育代金，是指由政府編列預算補助學生就讀私立學校的助學金。它是美國近年來推動學校教育選擇權的途徑之一，也是我國擬議落實教育機會均等的一種教育方案。

　　教育券一詞源自於美國經濟學家佛利曼（M. Friedman）的構想，認為透過政府提供教育券的補助，使家長有充分選擇子女就讀私立學校的機會，是改善部分不利學區學生受教品質的重要途徑。1980年代的雷根政府時代，曾提出教育券計畫，但因受到強烈反對，因此遲遲無法通過立法。1990年代的布希政府時代，再度提出教育券方案，主張補助家長將子女送私立學校就讀所需的學費，布希競選連任失利，接任的柯林頓政府雖然支持公立學校的教育選擇權，卻不支持私立學校教育選擇權的教育券做法。2001年小布希的教改藍圖「不讓任何一個孩子落後」（No Child Left Behind）中，特別將教育券條款列入核心教改計畫，但卻在眾議院遭否決，因此，美國教育券的實施目前仍不普遍。

　　美國目前有威斯康辛州的密耳瓦基市（Milwaukee）實施教育券計畫，補助低收入家庭的子女就讀非教會經營的私立學校；俄亥俄州的克利夫蘭市（Cleveland）補助低收入家庭的子女於私立學校及教會學校就讀，每人每學年由州政府補助的金額為美金2,250元；紐約市教育券計畫所補助的學生，

是由十四個閱讀分數最低、最需援助的學區選出，每人每年可獲 1,400 美元，連續三年的補助，較窮困者可獲 2,000 至 2,500 美元補助，所需經費來源由私人捐款資助，其中大部分來自華爾街。

　　美國自雷根政府以來，教育券計畫的爭議一直不斷，贊成與反對者的立場極為鮮明。贊成者認為，唯有實施教育券計畫，讓家長有機會替子女自由選擇就讀私立學校，家長才能真正享有教育選擇權，尤其在某些特殊學區，不能選擇私立學校，等於沒有選擇權。反對者認為，教育券的實施將會使公立學校的教育資源大量流向私立學校，變相照顧到富裕家庭的子女，相對的，使得大部分留在公立學校就讀的中下階層家庭的子女，無法受到應有的照顧。由於反對者的聲勢浩大，1986 年 5 月 1 日，位於哥倫布市（Columbus）的俄亥俄州高等法院，判決克利夫蘭市的教育券計畫違反聯邦憲法以及州憲法不得補助教會的規定，應予停辦。

　　我國目前擬議中的教育券（代金），是以學齡前特殊幼兒以及原住民為對象，目的在增加特殊幼兒及原住民的教育機會。此外，北、高兩市編列預算，以教育券（代金）補助就讀各級私立學校的市民，這些計畫及構想實施之後，會不會產生有如美國反對者對於排擠效果的憂慮——相對減少公立學校的教育資源，值得觀察。

# 教育指標

　　教育指標（educational indicators）有兩層意義，其一是指作為評估教育運作之預期結果的具體項目，其二是指描述教育系統重要特徵的具體事項。從字面上來看，教育指標可視為指引教育運作、呈現教育標竿的具體項目或事項。教育指標的存在，即在透過引領及標竿作用，匯聚所有教育人員的力量，朝目標邁進，並作為定期評鑑目標達成程度之依據。

　　理論上，教育指標可包括質的指標與量的指標。質的指標與量的指標主要差異在於描述的方式，質的指標用一般敘述句呈現，如團隊精神、凝聚力等，量的指標用量化的短句呈現，如師生比、每千方公里學校數等。由於質的指標不易蒐集及評估，因此，現今教育理論與實務界所稱的教育指標，通常是指量的指標。本篇以下所述教育指標，也以量的指標為範圍。

　　在國外，教育指標之建立源於民眾對於教育表現之不滿。如美國在 1950 年代受到蘇俄發射人造衛星之衝擊，以及受到黑人對於不平等教育抗議之壓力，自 1960 年代相繼進行教育表現之評估，並自 1970 年代起逐步建立各級各類教育指標，到目前仍在持續進行當中。其他先進國家鑑於教育指標是提升教育品質之重要工具，也相繼投入研究工作，如加拿大在 1980 年代末期著手建立教育品質指標，英國在 1990 年代開始發展全國性的教育指標。國內在教育部的推動之下，

也正積極建立各級教育指標。

教育指標是衡量教育現狀之重要依據，因此，良好的教育指標必須具備資料蒐集的可行性、有效性、實用性等三個要件。無法或不易蒐集到資料的指標，形同虛設；無法正確反映教育事實的指標，會誤導決策者及大眾對於教育的認知；無法及時提供訊息以供教育決策參考之指標，或者與實用價值相距過大之指標，只有浪費人力、物力，緩不濟急。在此三要件之要求下，教育指標通常可以用地區及時間作為參照點，呈現出數量的變化情形。

教育指標的發展與建立是一個相當複雜的過程，為了確保指標之代表性，學者通常以「輸入─過程─輸出」模式作為思考的起點，分析教育系統的輸入要項（如教師學經歷、師生比、學生先備知識、設備等）、過程要項（如課程設計、教師教學、學生學習等）、輸出要項（如學科成績、行為態度等），要項愈周延，代表性就愈高。其次，依據定期蒐集資料的可行性，刪除無法或很難進行資料蒐集的項目。最後，再依據實用價值性的高低，篩選出對教育決策最具參考價值的項目，作為指標。

教育指標的建立可以用來明確評估教育改進現況，以供教育決策之參考，因此，政府有必要積極投入研發工作。但由於到目前為止，仍然沒有一個放諸四海而皆準的指標建立模式、各項教育內涵的理論基礎不夠成熟，加上量化指標通常會捨棄部分有用的訊息，因此，在建立指標的過程當中要相當嚴謹，在進行結果的比較與分析時，更應審慎。

# 教育基本法

　　教育基本法（Fundamental Law of Education）是所有教育法令之「基本法」，各種教育法令應是為實施教育基本法之理念、目標而制定，因此，教育基本法應具有教育法體系中的「母法」或「本法」之性質，而其他教育法令則居於「子法」或「施行法」之地位。

　　在世界各國中，實施教育基本法的國家較為著名者，如：日本 1947 年 3 月 31 日公布的「教育基本法」（計有十一條）、法國 1989 年 7 月 10 日公布「教育導向法」（計有三十六條）、中華人民共和國 1995 年 3 月 18 日第八屆全國人民代表大會第三次會議通過的「中華人民共和國教育法」（計有十章八十四條），確立該國教育大方針和作為，亦規範整個教育實施依據，其重要性不言可喻。

　　我國「教育基本法」之提出，早在民國八十二年十月二十一日由立法委員顏錦福等十七人提出「教育基本法草案」，計有十三條。後來「四一○教改聯盟」提出教育改革四大訴求：落實小班小校、廣設高中大學、推動教育現代化及制定教育基本法。這些訴求更引發制定教育基本法的動力，隨後立法委員翁金珠等五十人於民國八十三年四月二十一日也提出另一版本「教育基本法草案」，計有三十二條。到了民國八十五年十一月十六日立法委員朱惠良、范巽綠和林政則等五十五人又提出另一版本「教育基本法草案」，計有二十一

條。是年行政院教育改革審議委員會在其「教育改革總諮議報告書」中提出制定「教育基本法」的建議，此為行政機關首次提出的論點，對於教育部形成很大的壓力，教育部遂在民國八十六年委託一群學者研議「教育基本法草案」，此時立法委員蔡璧煌等二十二人亦於該年二月二十六日提出「教育基準法草案」計有十七條，行政院也在該年九月向立法院提出「教育基本法草案」送審，計有十四條。

我國「教育基本法」之立法時間長達六年，歷經郭為藩、吳京和林清江等三任部長的規劃，以及多人的努力，終於在民國八十八年六月四日經立法院三讀通過，復經總統於同年六月二十三日公布施行，計有十七條，充分展現教育決定民主化、教育方式多元化、教育權力分權化、教育作為中立化等基本精神，其內容包括確定教育主體及目的，明定教育責任及實施方式，確保國民教育機會平等，寬列教育經費及合理分配資源，規範教育實施中立原則，鼓勵興辦教育事業及公辦民營，訂定教育人員工作等權利義務，保障學生學習權及受教育權，提供家長教育選擇機會，規定中央政府教育權限，設立地方教育審議委員會，延長國民基本教育年限，妥善規劃小班小校，促進教育普及和整體發展，辦理教育實驗、研究和評鑑，規定學力鑑定之實施，提供師生受到違法侵害之救濟等。

我國「教育基本法」在法律位階上與其他法律並無不同，但依該法第十六條之規定：「本法施行後，應依本法之規定，修正、廢止或制（訂）定相關教育法令。」故其效力遠大於其他教育法律，可說是一切教育法規的根本大法，其地位僅次於憲法之規定。

# 教育規劃

　　教育規劃（educational planning）又譯為教育計畫或教育計劃，是聯合國教育科學文化組織（United Nations Educational, Scientific, and Cultural Organizations，簡稱 UNESCO）自 1956年、1958 年、1959 年分別推動拉丁美洲教育計畫、亞洲教育計畫、及歐美教育計畫以來，所興起的一個概念，目的在透過區域性合作的方式，促進基本教育的普及，以作為經濟、社會、文化發展的基礎。

　　經過各國的重視及推動，教育規劃成為一個國家不可或缺的觀念及措施，教育規劃的目的，也由擴增教育人口的數量，轉變為兼重教育品質提升，同時配合經濟發展需求，提高人力素質、促進經濟升級；配合社會發展的需要，實現社會公平、正義；配合政治發展的需求，培養適應開放、多元政治生態的公民。教育規劃於是成為規劃一個國家的教育藍圖，使能與其他國家並駕齊驅，甚至超越其他國家的重要途徑。

　　教育規劃通常經過設計（design the plan）、發展（develop the plan）、試行（implement and amend the plan）、修正（review the plan）、定稿（develop the template）五個階段的循環過程。實際進行規劃時，則包括確定任務需求（missions）及指標（key performance indicators）、進行組織內部及外部評估（internal/external assessment）以瞭解組織本身的條件、發展

及評估幾種不同的可行策略（develop and assess strategic issues and actions）、確定採行的策略（develop strategies）、建立組織未來的發展目標（generate vision of the organization of the future）、擬具具體的行動計畫（operational/tactical planning）、執行計畫（implementation）、以及結果的評鑑（evaluation of results）等八個步驟。

　　教育規劃的理論依據眾多，歸納而言不外理性模式（rational model）、漸進模式（incremental model）、權變模式（mixed scanning model）、調適模式（technicist model）、政治模式（political model）、及兩願模式（consensual model）。理性模式以客觀數據為規劃依據；漸進模式以過去經驗的修正作為規劃的依據；權變模式視需要彈性採用理性模式及漸進模式；調適模式是以成員社會互動結果所作的決定為規劃依據；系統模式是以組織內外在條件及需求整體分析的結論，作為規劃的依據；專家模式是以教育規劃專家的意見作為規劃的依據；政治模式是以不斷協商、利益交換的結果，作為規劃的依據；兩願模式是透過民主參與的方式，以大多數人的共識為規劃的依據。在蒐集這些資料時，則應廣泛採取德懷術、控制回饋法、情境模擬、情節推演、時間系列分析等方法。

　　最近在教育規劃上，強調以教育規劃導引教育改革的方向，以教育規劃執行教育改革的方案，並透過學校為本（school-based）的發展計畫，推動組織再造，落實教育改革效果，期能全面提升國家競爭力。

# 教育評鑑

　　教育評鑑（educational evaluation）係指對於教育現象或活動，透過有系統和客觀的方法來蒐集、整理、組織和分析各項教育資料，並進行解釋和價值判斷，以作為改進教育缺失，謀求教育健全發展的歷程。

　　評鑑的概念，可說起源甚早，我國隋唐所舉辦的科舉制度，可視為一種評鑑的方式；然而大規模的評鑑活動，肇始於十九世紀的英美兩國。在十九世紀，英國的 Powis 伯爵領導一個「愛爾蘭初等教育委員會」（Royal Commission of Inquiry into Primary Education in Ireland），設法瞭解愛爾蘭小學教育的品質；而美國的 Joseph Rice 在 1887 年至 1889 年進行一項拼字教育策略效果研究，採用標準化測驗，可說開啟了美國教育評鑑的先河。至於我國正式實施教育評鑑，則是在 1970 年以後的事，最初是在 1975 年教育部所舉辦的大學評鑑，隨後才有專科、高中（職）、國中、國小和幼稚園的評鑑。

　　近代各國政府相當重視教育評鑑，主要原因在於確保公立學校教育的績效；同時能夠使教育資源發揮最大的效果。尤其在二次大戰以後，社會大眾對於公立學校教育品質逐漸產生不滿和質疑，認為必須透過客觀的評鑑機制，才能改進學校教育缺失；此外教育資源愈來愈有限，不能過於浪費，也必須經由評鑑的手段，才能使教育資源得到有效利用。

　　一般而言，教育評鑑的類型，主要可分為：(1)形成性評鑑（formative evaluation）：在於針對蒐集有關教育方案的各個部分成效的證據，然後根據對此種證據去指出其缺失並提供改進意見；(2)總結性評鑑（summative evaluation）：對於已經完成的教育方案進行價值判斷，以評估其成效。是故，前者較重視歷程；而後者較偏重結果。至於整個教育評鑑目的，可以歸納為：診斷學校教育缺失、改進學校教育缺失、維持學校教育水準和提高學校教育績效。

　　有關教育評鑑模式甚多，常見有 Tyler 的目標達成模式（goal-attainment model）、Stuffebeam 的 CIPP 模式、Stake 的全貌模式（countenance model）和 Provus 的差距模式（diserepancy model）等，其中以 CIPP 模式，國內使用機會較多。它包括背景評鑑（context evaluation）、輸入評鑑（input evaluation）、過程評鑑（process evaluation）和成果評鑑（product evaluation），國內首次使用 CIPP 模式是在 1992 年的台灣省高級中學訓導與輔導工作評鑑。

　　在教育評鑑過程中，設計適當評鑑工具，至為重要。因此，有關教育評鑑指標的訂定，必須顧及到正確性、可靠性、有效性和實用性，才能使評鑑發揮功能。所以，未來的教育評鑑，包括校長評鑑和教師評鑑等評鑑，其中教育指標的設計與訂定，應該是教育評鑑過程中最重要的工作之一。

# 教育機會均等

　　教育機會均等（equality of educational opportunity）一詞，眾說紛紜，莫衷一是，一般而言，大體係指學生具有同等的入學機會；而且入學之後，在接受教育過程中，能夠得到公平及適性教育，使自己潛能得以有效發展。

　　教育機會均等理念之所以受到重視，始自於十九世紀民主思潮的激盪，有志之士開始鼓吹接受教育是人權的一部分，它不再是少數貴族階級的奢侈品；這種理念影響到各國義務教育制的建立，讓一般民眾都有機會接受免費的公共教育。國父曾說：「圓顱方趾，同為社會之人，生於富貴之家，即能受教育，生於貧賤之家，即不能受教育，此不平之甚也。」一語道破教育機會均等的精義。

　　到了 1950 年代和 1960 年代，美國民權（civil rights）運動興起，紛紛要求廢除種族隔離教育（segregated education），應該採取融合教育（integrated education），讓黑人和白人同樣享有均等的教育機會。這股潮流的發展，也逐漸影響到各國對於弱勢族群教育的重視。因此，目前世界各國對於教育機會均等之實踐，可謂不遺餘力，例如：普及學前幼兒教育，增加特殊教育學生就學機會，實施教育選擇權，縮短城鄉教育差距等，俾使文化不利或弱勢族群學生，也能夠得到同樣「質」與「量」的教育機會。

　　我國對於教育機會均等素來相當重視，憲法第一百五十

九條明文規定：「國民受教育之機會一律平等。」近幾年來
政府為了落實教育機會均等的政策，正積極推動「教育優先
區」工作，縮短城鄉教育差距；提供多元學習環境，使學生
潛能得到適性發展；強化「特殊教育」，貫徹零拒絕教育理
念；加強原住民人才培育，提升原住民教育品質；提供補救
教學機會，帶好每一位學生；貫徹國中常態編班，促進教學
正常化；擴充幼兒教育，提高幼兒入園率等各方面，在在顯
示政府對於教育機會均等的重視。

　　總之，教育機會均等之重要性，消極而言，在於避免學
生就學過程中受到不平等的待遇；積極而言，在於讓學生入
學後之受教過程，享有同等教育機會，以開發其潛能。因
此，促進教育機會均等，提升教育品質，也將成為各國之重
要教育課題。

# 教育選擇權

　　教育選擇權（school choice），是一個複雜的權力分配的問題，它涉及層面包括政府、學校、教師、家長和學生的權力運作，但是目前所談的「教育選擇權」，仍大都以家長教育選擇權為主；也就是指家長或學生在義務教育階段內，有選擇學校的自由與權利。

　　教育選擇權的概念起於 1950 年代，美國經濟學家佛利曼（Milton Friedman），他批評公立學校品質低劣，認為應透過自由市場的競爭原則，在教育系統內提供教育券（voucher）給家長為其子女選擇學校的就讀費用，藉此可改進學校教育品質，這種論點受到教育界的重視，所以家長教育選擇的呼聲日益增高。在 1996 年的美國總統大選中，教育選擇權也成為角逐總統寶座的重要政見之一。由此可見，教育選擇權之魅力有多大。當然，其中最主要的爭議仍在於政府該不該補助家長為子女選擇私立學校的教育費用。

　　事實上，美國教育選擇權並無一套統一或標準的模式，各州都會根據其州的特性及需要，提供可供家長或學生選擇的教育方式。除了前述政府補助家長選擇私立學校教育費用之外，還有跨學區教育選擇權（可選擇任何學區的公立學校）、學區內教育選擇權（只允許在學區內選擇任何一所公立學校或者選擇其他類型學校，如特許學校或磁性學校）……等，讓家長或學生有更多選擇學校的機會。其他國家，

如英國、澳洲、紐西蘭、荷蘭……等國家，教育選擇權也成為一種爭議的教育課題。

　　我國國民中小學採學區制，限制了家長為其子女選擇教育的機會，在一個民主、自由和開放的社會中，將會受到挑戰。所以，在行政院教育改革審議委員會所出版的《教育改革總諮議報告書》中特別提到「父母的教育權」，而且建議父母在考慮兒童最佳利益的情形下，選擇適合其子女的教育型態的權利應予保障。因此，教育選擇權將會愈來愈受到重視，但仍是還有一條很遠的路要走。

　　由於教育選擇權，不僅涉及到自由的選擇，而且也牽涉到經費補助的因素。所以，教育選擇權在世界各國仍是爭論不休。

# 教育優先區

　　教育優先區（educational priority area，簡稱 EPA）一詞係指被政府列為物質或經濟極為貧乏或不利，須優先予以改善，以利教育機會均等理想之實現的地區。

　　教育優先區一詞首度出現於 1967 年的英國卜勞頓報告書（The Plowden Report）中。該報告書引用英國曼徹斯特大學（Manchaster University）威斯曼（Stephen Wiseman）教授曼徹斯特地區的一項研究結果指出：家庭環境是影響兒童學業成就之最主要因素，而且兒童年級愈低受環境因素影響愈大。

　　據此，該報告書建議英國政府：為避免物質或經濟貧乏、不利地區兒童在起跑線上處於劣勢，危害教育機會均等的理想，政府應積極介入改善這些地區學校之校舍與社區環境。

　　與英國教育優先區概念相仿的是 1960 年代盛行於美國且迄今仍繼續實施的「補償教育」（compensatory education）。美國的補償教育採用學前補強、雙語教育、諮商輔導服務、以及保障名額等方式，企圖使貧困地區或處於其他不利狀況的兒童在接受教育時或之前都能因為獲得額外的補償，而能和其他兒童公平競爭。

　　荷蘭政府亦積極推動「教育優先方案」（Educational Priorites Programme），對於擁有大量貧困或不利學童之學校，增加其教師數並給予額外設備補助。

　　我國政府為了落實均衡城鄉教育發展，縮短地區性教育差距，自民國八十四年起開始積極執行「教育優先區」工作。首先將地層下陷地區，地震震源地區，山地離島地區特別建造學校，為降低國民中小學班級人數增建校舍、學校，財源欠佳縣市等列入教育優先補助地區。並自民國八十五年度起擴大辦理，逐年評估成效，修正執行指標。目前已將文化不利地區，弱勢族群地區，資源相對貧乏地區，列入教育優先區重點工作。

　　總之，教育優先區計畫或方案，對於經濟或文化不利地區之兒童及處境不利學生，是有其實質之幫助。尤其在增進教育機會均等方面，更是一種相當具體之措施。

# 教師素質

　　教師素質（teacher quality），係指一位教師為勝任其教育工作所具備的能力、素養與特質。基本上，一位優良教師的能力、素養與特質應該與一位平庸的教師具有相當大的差別，前者可以激發學生學習的興趣和提升學生學習的效果，後者可能教學平淡無奇，難以激起學生學習的樂趣，自然無法提高其教學效果。是故，教師素質高低是影響教師教學效果和學生學習成效之關鍵所在。

　　教師素質的評量，相當艱鉅，主要在於素質指標的不易有共識，以及評量過程的複雜性。就教師素質指標而言，不同學者對於優良的教師素質就有不同的看法，有些學者從教師的特質來界定，例如：一位教師具有活力、吸引力、情緒穩定、樂於助人、體諒別人、活潑快樂、主動積極、樂觀進取、品德良好……等，就是優良教師；有些學者從教師的知能來看，認為一位教師具有足夠的一般通識教育、專門科目知識、教學原則知識、教學內容知識、理解學生差異、教材內容知識、表達與溝通技巧、教育脈絡及基礎知識，是優良教師的必要條件，此種看法以美國的教育學者舒曼（L. Shulman）最負盛名；此外也有些學者把教師的表現視為優良教師素質的重要指標，認為一位教師的好壞，其評斷標準在於學生學習所表現的優劣結果，如果一位教師能夠讓學生有好的學習表現，就是一位優良教師，反之則否。最近大家對

於教師素質指標的研究，偏重於整合的觀點，認為必須從教師人格特質，教師學識和能力，教師專業精神和教師教學表現等各方面通盤考慮，才易瞭解教師素質的整個全貌。

就教師素質評量的方法及過程而言，亦有不同的方式，一般而言，主要有下列五種：(1)問卷調查法：採用編製好的教師素質問卷或評量表，請專家學者、教育工作者、學生或家長對優良教師的素質做評定；(2)訪談法：訪問專家學者、教育工作者、學生或家長對於優良教師素質的意見；(3)觀察法：觀察不同班級教師教學情形，歸納出優良教師的素質；(4)學科能力測驗法：根據編製好的學科能力測驗工具，向教師施測，以瞭解其能力高低，這種方式較不能精確測出教師的專業承諾、教師成熟度和社會責任感；(5)實作評量：評量教師在實際狀況下的教學能力和技巧，這種方式較能評量出教師的教學能力，但是很花時間。

值此師資培育多元化的今天，如何有效提升教師素質，增進教師教學效果和學生學習成效，應該是社會大眾關注的焦點。所以，不管是師資培育機構、現職教師或有志於從事教育工作者，要把教師作為一種專業，未來透過有效的職前培育和在職進修方式，以強化教師專業素養和能力，實屬刻不容緩之事。

# 教師評鑑

　　教師評鑑（teacher evaluation）係指就教師的專業能力和表現進行價值判斷。詳細而言，乃是依據教學品質內涵，訂定評鑑指標及程序，由評鑑者以觀察、測驗、晤談、調查等方式，進行評鑑相關資料的蒐集，對教師個人的資格、能力及表現給予價值判斷，除瞭解其表現外，從而改進教學實務、激勵教師專業發展與進行適當的人事決定。

　　基本上，廣義的教師評鑑應該包括下列兩部分：一是教師培育和資格檢定：注重教師的儲備及證照；一是現職教師能力和表現的評量：強調教師的績效和專業發展。若屬在職教師評鑑，依其目的，可分為二種評鑑的類型：一是專業評鑑，主要目的在於幫助教師的教學改進及專業成長；另一是績效評鑑，主要目的在於獎懲之用，作為教師聘任與否，以及敘薪加給之依據。其中績效評鑑涉及教師權益甚鉅，常常構成對於教師極大的壓力。

　　歐美國家辦理教師評鑑，已經行諸多年，可是國內對於在職教師評鑑的倡導，仍在起步的階段。民國八十七年教育部發布「教學、訓導和輔導三合一整合實驗方案」中，特別將教師評鑑列入實施方案，這是教育行政機關首度將教師評鑑列入教育推展工作項目，然而該項實驗方案，屬於試辦性質，只有參與試辦學校才可能進行教師評鑑，並非全國普及性的工作，所以效果相當有限。後來高雄市政府教育局基於

對於教師教學品質的關心，乃於民國八十九年二月發布「高雄市高級中等以下學校教師專業評鑑試行要點」，並於八十九學年度開始試辦教師評鑑，實施結果經過檢討，亦受肯定。民國九十年，教育部認為現行的「公立學校教職員成績考核辦法」缺乏法源依據，有違行政程序法之虞，乃組成研議小組，研擬公立高級中等以下學校教師績效評量辦法，後因全國教師會有意見，認為教師績效評量制度，與過去考核評考績沒兩樣，應該以教師專業評鑑制度取代教師績效評量制度。整個修法又回到原點，將修法名稱修正為「公立高級中等以下學校教師服務成績考核辦法」，教師績效評鑑制度到此又打住了。

　　平心而論，實施教師評鑑因涉及到教師權益及學生受教權益，的確是一項高難度的教育工程，但是處於愈來愈重視教育品質的今天，要求教師有更高素質的呼聲愈來愈大，教師評鑑將成為未來難以抵擋的時代潮流，不管是教育行政機關、學校和教師，都應做好心理準備，迎接教師評鑑時代的來臨。

# 教師職級制度

　　長久以來，我國中小學教師之專業地位始終無法有效提升，而且亦缺乏升遷發展機會，不像大學教授、醫師、法官具有各種升遷管道，猶如從事一種「無生涯」（careerless）的工作，數十年如一日，一輩子教到退休，大有人在，這是其他行業所少見的。所以，最近教育界有人陸續倡議在中小學實施「教師職級制度」（又稱教師分級制度）（teacher ranking system），藉以提供教師晉升管道，激勵教師工作精神，進而促進教師專業成長。

　　「教師職級制度」可說起源於美國的「生涯階梯」（career ladder），教師可依著階層逐級晉升，每上升一級，在薪資、津貼方面都能獲得更高一層的報酬。在美國實施教師職級制度最為徹底的州，首推田納西州（Tennessee State），該州自1984年通過綜合教育改革法案（Comprehensive Education Reform Act，簡稱CERA）之後，開始實施生涯階梯方案，將教師分為五級：(1)試用教師（probationary teacher）：教師從事教職的第一年，在這一年內必須接受學區（類似我國的教育局）考評，通過後才有資格升至初任教師；(2)初任教師（apprentic teacher）：從事教職的第二年至第五年，惟每年仍須考評，通過後才有資格升至初級教師；(3)初級教師（career level Ⅰ certificate）：從事教職的第五年至第十年，必須經兩次考評，通過後始能升級；(4)中級教師（career level Ⅱ certifi-

cate）：有效期間為五年，仍須經考評，通過後始能升級；
⑸高級教師（career level Ⅲ certificate）：有效期間為五年，仍
須經過考評，評鑑合格後再獲新證，否則降為中級教師。這
種教師生涯階梯制的方案，教師可有一千至七千美金不等的
收入。由此可知，它是以教師的表現和經驗作為升級的參考
依據，對於教師報酬及專業成長是有其價值的。

　　教師職級制度之建立，就激勵教師工作士氣及促進專業
成長而言，是有所助益。由於一項新的制度或措施的建立，
涉及層面甚廣，包括社會價值觀念、立法、經費、及其影響
之評估等問題，所以在未來推動過程中，必須先解決其所遭
遇的問題，才有實現之可能。

# 教師證照制度

　　教師證照制度（teacher certification system 或 teacher licensure system），是指透過檢定（certificating 或 licensing）的程序，以確認中小學教師資格及能力的一種行政措施，其目的在確保中小學及幼稚園教師，在多元、開放的師資培育制度下，能具備並維持應有的專業素養。

　　美國是實施教師證照制度最為普及的國家之一，雖然各州對於教師證照檢定形式及內容的規定不盡一致，但其實施的過程卻大同小異。一般而言，教師證照制度實施的過程及條件，是由各州的州教育董事會（State Board of Education）訂定實施，通常修畢各該州認可大學的教育學程，獲有學士以上學位者，可提出教師證照申請，經檢定合格後，即可獲得教師證。檢定的方式有兩種，一種是學歷的審核，另一種除學歷審核之外，還需經教師證照考試，有的州規定具有兩年專職教學經驗者，可免除教師證照考試。部分的州，由於師資不足，對於修畢大學相關科系獲有學士以上學位者，採取變通的方式，允許其申請臨時教師證（provisional license），持臨時教師證者，必須於規定期限內補修教育學分。教師證的獲得，通常即被認定為具有一定的專業能力及素養，足以勝任中小學及幼稚園教學工作。

　　教師證照通常分為兩類，一類是初任教師證（initial license）或普通教師證（regular license），另一類是續任教師

證（continuing license）或終身教師證（life license）。擁有初任或普通教師證之教師，於一定的年限內完成規定時數或學分的進修，可申請換證（renewal），再經過一定年限後，還須依規定再換證。續任或終身教師證，是 1980 年代的產物，目前大多數的州已不再發給，持有此證之教師，除須依規定完成進修外，毋需定期換證，終身有效。

　　教師證並得視需要註明適用的年級及科目，不同年級或科目的教師證，申請的條件各異。就年級而言，通常幼稚園到三年級適用的教師證之申請條件屬於同一領域，幼稚園到八年級（相當於國二）適用的教師證之申請條件屬於同一領域。幼稚園到十二年級（相當於高三）適用的教師證之申請條件屬於同一領域。至於科目方面，則視學科及其他特別需求（如特殊教育）之性質而定。

　　我國中小學教師證書的發給，依據教師法及其施行細則之規定，屬於檢定制度。其中初檢採用學歷檢覈方式，複檢則採認可實習表現方式，大致上與美國一般州相類似，至於證書的申請條件、種類、以及換證的方式，則有差異。

# 教訓輔三合一

「教訓輔三合一」係指整合學校之教務、訓導和輔導工作三者為一的最佳互動與內涵，培養教師具有教學、訓導、輔導統整的理念與能力，並有效結合學校及社區資源，進而逐步建立學生輔導新體制。

過去學校負責學生生活教育與行為輔導分別隸屬於訓導處與輔導室，而學生問題行為產生常常與訓導和輔導又具有密切關係，可是處理問題時常常流於本位主義作祟，難以收到幫助學生的效果，於是乃有訓輔合一之呼聲。行政院教育改革審議委員會在其「教育改革總諮議報告書」中特別提出：「應以輔導而非管理學生的原則，統整目前中小學的訓導與輔導資源，並增設專業人員。合併目前中小學之訓導處與輔導室，重新設立學生行為輔導新體制，以使事權統一，並落實教師普遍參與輔導學生之理念。」訓輔整合的理念，逐漸獲得教育界的共識，然而在未形成教育政策之前，部分人士認為徒有訓輔整合效果有限，學生學習動機不強和學習效果不佳，缺乏學習成就感，常常是造成學生問題行為的根源之一，所以必須教師本身具有教學知能和訓輔知能，有效扮演教學、訓導和輔導角色，才能預防學生問題行為的產生，於是乃從先前的訓輔合一，更進一步為教訓輔三合一──建立學生輔導新體制，後來遂成為教育改革行動方案的一項。

教育部於民國八十七年八月二十一日發布「建立學生輔

導新體制——教學、訓導、輔導三合一整合實驗方案」，並從八十七學年度起開始選擇大學和中小學試辦。該方案主要目標有五：(1)建立有效輔導體制；(2)增進輔導組織功能；(3)建立學生輔導網路；(4)協助學生適性發展；(5)培育學生健全人格。而採取的策略亦有五項：(1)成立學生輔導規劃組織；(2)落實教師輔導學生職責；(3)強化教師教學輔導知能；(4)統整訓輔組織運作模式；(5)結合社區輔導網路資源。經過多年的試辦，無論在大學或中小學，對於輔導觀念、人力、組織、資源的整合，都有一定的功效，而且在學生學習和適應能力的增進上，亦有顯著的效果。教育部決定九十一學年度起，由過去的個別學校式的試辦方式，調整為以縣（市）政府為單位的全面學校式，以擴大推廣辦理，鼓勵縣（市）政府所屬學校都參與「教訓輔三合一整合實驗方案」。

基本上，教訓輔三合一的核心功能在於「帶好每一位學生」，所以每位教師都應具有輔導知能，並協助學校做好三級預防工作（初級預防以所有學生為主，重在教育和輔導；二級預防以適應困難學生為主，重在輔導和諮商；三級預防以偏差行為和犯罪學生為主，重在心理矯治），而且學校亦能充分運用校內外資源，建構完整的輔導網路，全力做好學生輔導工作，讓學生人格能夠得到適性而健全的發展。

# 教學視導

　　教學視導（instructional supervision）是指特定教育專業人員，針對學校或教師之教學措施進行系統性的視察與輔導，以提升學校教學品質與學生學習效果的過程。所謂特定教育專業人員包括督學、校長及教師。過去的教學視導人員專指教育行政當局的督學，今日的教學視導人員則融入學校校長與教師。

　　教學視導是教育視導的一環，教學視導包括行政視導與教學視導，行政視導強調政令及行政運作的視察與輔導，教學視導重視教學計畫與教學實施的視察與輔導，兩者相輔相成，缺一不可。我國一向極為重視教育視導工作，近年來，由於受到教育思潮以及教育改革運動的影響，在教育視導理念方面已有相當程度的轉變。如從指導轉變為輔導；從偏向於行政視導，逐漸轉變為強調教學方面的視察與輔導；由上級行政人員的視導，轉變為學校參與之學校本位的自我視導；從績效評鑑導向，轉變為專業發展導向的視導。

　　教學視導的對象包括學校及教師，視導的內容包括教學計畫、教學過程、教學結果，視導的過程包括視察與輔導，視導的方式包括臨床視導、同儕視導、自我視導等。教學視導應該包括學校及教師兩個對象，舉凡學校整體教學計畫、教學實施與教學成效，以及教師個別教學計畫、教學過程與教學效果等，都是教學視導的重點。在視導的過程中，必須

兼具視察與輔導，所謂視察是指親眼所見教學的事實，輔導則是依據所見的事實共同研討精進之道。現代化教學視導方式，異於過去突擊檢查及指導的做法，改採有計畫的輔導方案，被視導的對象完全瞭解視導之目的、內容及過程，同時也採用同事之間以及本身依據視導的原則持續進行內在自我視導。

　　教學視導發展至今已經成為提升教學品質的新機制，不再是一種特定教育行政職務的代稱，此一機制建立在互信、專業、參與的基礎之上。被視導者的配合意願是開啟視導之門的重要關鍵，因此，視導人員首應與被視導者建立良好的互信關係，消除抗拒的心理。其次，視導人員應以積極提升教學專業能力為目標，排除一切消極的批評與責難，使教學視導成為教師專業成長重要的一環。最後，教學視導的過程應該提供被視導者主動參與的機會，不是被動接受視導，而是成為參與計畫及執行視導的一分子，以充分發揮教師專業能力。

　　現代化教學視導理念的落實實施，有賴觀念、制度與人員的配合調整。首先，要建立教學視導是一種教師專業成長過程的觀念；其次，要建立學校參與式的教學視導制度；最後，要培育視察與輔導能力兼備之視導人員。

# 教學領導

　　教學領導（instructional leadership）是指學校校長協助教師發現及發展專業知識與技能的領導行為，包括直接協助教師教學、促進專業成長與發展、進行課程發展與從事行動研究。

　　在 1970 年代以前，校長的主要角色在於校內行政的管理與校外公共關係的建立，目的在維持學校行政運作效率以及爭取上級與社區的支持，至於教師的教學活動則屬於行政管理的一環，強調教師教學的監督與視導。1970 年代以後，美國致力於提升中小學學生學習成就，教學領導的概念乃開始受到重視。1980 年代之後，學者一致主張校長應該透過適當的領導行為，以提高學生的學習成就，教學領導遂與行政管理、公共關係三足鼎立，成為校長必備的專業領導知能。

　　校長教學領導的內涵包括直接協助教師教學、促進教師專業成長與發展、進行學校本位課程發展以及帶動教師從事行動研究。在直接協助教師教學方面，校長本身必須具備優良的教學知能，以便瞭解教師教學的問題，並給予專業的協助與建議。在促進教師專業成長與發展方面，校長應規劃學校本位的在職教師進修課程，並鼓勵教師參加校內外進修活動。在發展學校本位課程方面，校長應依據學校的共同願景，帶領教師發展具有特色的學校課程。在行動研究方面，校長應帶領全校教師從事研究，持續發現問題、解決問題，

並提出改進的策略，以建立學習型團隊。

　　在教師專業自主的潮流下，校長在扮演教學領導角色時，必須掌握幾項原則。第一，運用教師同儕觀察的方式，進行教室觀察，並以支持、輔導與鼓勵教學省思為重點。第二，採用合作的途徑，營造支持性的學校氣氛，以達成全校共同的教學目標。第三，鼓勵教師發表本身的教學意見與看法，分享多元、創意的教學方法與策略，促進同仁之間的反思與成長。整體而言，校長旨在營建一個充分激發教師互動與自我省思的環境，以提升教師教學效能，進而增進學生學習效果。

　　在緊湊、繁忙的行政工作之餘，校長可以參考以下建議調整工作步調與內容，以強化教學領導的角色：分析本身時間的運用效能、減少行政視導的時間、精簡開會時間、多使用行政電腦化設施、固定時間參與教師教學討論、考慮親自進行教學、親自從事行動研究。

　　教學領導已成為校長的重要職責，在教學領導的內涵中，有關學校本位課程的研發，因牽涉到課程規劃、設計、執行與評鑑的專業領域，目前已經發展出另一個領導的概念——課程領導。

# 教學導師

　　教學導師（mentor teacher）係指一位教學經驗豐富的教師，經過一套適當的遴選程序後，具備引導和帶領初任教師和同儕教師的資格，以幫助初任教師或同儕教師專業成長。

　　基本上，教學導師除了扮演一位教學者角色之外，同時也要扮演下列四種角色：(1)引導者角色：引導初任教師或同儕教師熟悉或精進教學技能；(2)激勵者角色：激發初任教師或同儕教師奉獻教育的熱忱；(3)協助者角色：激發初任教師或同儕教師解決教學或班級經營等方面問題；(4)溝通者角色：溝通教育訊息或教育理念，凝聚教師共識。因此，一位教學導師所擔負的工作和責任，要比一般教師為重；而且本身所具有的專業能力也要比一般教師為強。

　　教學導師設立的最主要目的，在於促進教師之間的學習，以幫助教師改進教學和增進教師專業成長。一所學校有了教學導師帶領，可以激發教師從事不斷教學改進，塑造學校追求卓越和創新的文化。教師在這種環境下服務，對於自己教學能力的提升，應該有很大的幫助。

　　教學導師制的倡導，約自 1960 年代的美國，到了 1980 年代才蓬勃發展。至 1996 年為止，已經有超過三十個州強制要有一些教學導師制的形式來協助初任教師，其中以加州可謂是實施教學導師制最具成效的一個州，對於初任教師的輔導，使其能夠很快勝任其教育職場工作，其效果是有目共

睹。在英國也有類似的做法，稱之為高級能力教師（advanced skills teacher），他（她）們具有協助初任教師和同儕教師專業成長之責。我國教學導師的提倡，要比美國晚四十年，大約在 2000 年以後。目前只有台北市進行試辦，其成效仍有待評估。

平心而論，教學導師是從事一種師傅指導的工作。是故，教學導師制的成功與否，教學導師本身的專業能力、溝通技巧和人格特質是影響成效的關鍵因素，所以教學導師的慎選和培訓，至為重要。因此，學校遴選教學導師時，必須明定其資格條件和職責，同時遴選過程必須公平公開公正，使遴選出的教學導師，足以為學校教師所信服，此外也要進行為期一至二週的研習，俾讓其熟悉教學導師角色及職責，以及如何從事教學導師工作，唯有如此，才能使教學導師將來從事指導時，能夠得心應手，減少挫折。

教學導師制的實施，不管是對於初任教師的輔導或同儕教師的專業成長，都有其實質的價值。但是此種制度的實施，仍有賴於一些配套措施，例如：法令的訂定、經費的支援、績效的評估、時間的考量、人員的互動……等，都需要加以考量，才能讓教學導師制能夠真正發揮其功能。

# 第五級領導

　　第五級領導（level 5 leadership）係指領導者結合謙虛的個性（personal humility）和專業的堅持（professional will），將個人自我需求轉移到組織卓越績效的遠大目標。

　　第五級領導的提倡者為柯林思（J. Collins），他於 1988 年起任教於美國史丹佛大學企管所，於 1995 年離職，自行創辦管理研究實驗室，曾在 1994 年與同事薄樂斯（J. I. Porras）出版《基業長青：願景企業的成功習慣》（*Built to Last : Successful Habits of Visionary Companies*），特別指出固守核心價值是確保卓越企業百年不衰的根基。

　　後來，柯林思於 2001 年又出版《從優秀到卓越：為什麼有些企業向下沈淪，有些企業向上提升》（*Good to Great : Why some companies make the leap and others don't*）（註：國內譯為：從 A 到 A⁺），在該書中特別提出第五級領導的內涵，它是領導能力五個等級中最高的一級。

　　根據柯林思的研究，領導能力有五個等級：第一級（level 1）是高度才能的個人（highly capable individual）：能運用個人天賦、知識、技能和良好工作習慣，產生有建設性的貢獻；第二級（level 2）是有貢獻的團隊成員（contributing team member）：能夠貢獻個人能力，達成組織目標，並且有效地與他人合作工作；第三級（level 3）是勝任愉快的經理人（competent manager）：能組織人力和資源，有效率地和有

效能地達成預定的目標;第四級(level 4)是有效的領導者
(effective leader):激勵部屬熱情追求明確、動人的願景和
更高的績效標準;第五級(level 5)是第五級領導人(level 5
executive):結合謙虛個性和專業意志,建立持久績效。基
本上,一個成熟的第五級領導人,應該具備五個等級的領導
能力,但這五個等級的領導能力並不是循序漸進的從第一級
爬到第五級;換言之,萬一領導者認為某一級能力有所不足
時,是隨時可以補足的。

　　基本上,組織需要變革或遭遇危機,需要轉型時,就相
當需要第五級領導人,他可以發揮其領導能力,帶領同仁度
過難關或轉型成功,因為在這個關鍵的時刻,需要一位具有
謙虛為懷、強烈企圖心和意志力,以及專業能力之領導者,
才能突破困境,化危機為轉機。

# 混沌理論

　　混沌理論（chaos theory）是一種兼具質性思考與量化分析的方法，用以探討動態系統中（如：人口移動、化學反應、氣象變化、社會行為等）無法用單一的數據關係，而必須用整體、連續的數據關係才能加以解釋及預測之行為。

　　混沌一詞原指宇宙未形成之前的混亂狀態，我國及古希臘哲學家對於宇宙之源起即持混沌論，主張宇宙是由混沌之初逐漸形成現今有條不紊的世界。在井然有序的宇宙中，西方自然科學家經過長期的探討，逐一發現眾多自然界中的規律，如大家耳熟能詳的地心引力、槓桿原理、相對論等。這些自然規律都能用單一的數學公式加以描述，並可以依據此公式準確預測物體的行徑。

　　近半世紀以來，科學家發現許多自然現象即使可以化為單純的數學公式，但是其行徑卻無法加以預測。如氣象學家 Edward Lorenz 發現，簡單的熱對流現象居然能引起令人無法想像的氣象變化，產生所謂的「蝴蝶效應」。亦即某地下大雪，經追根究底卻發現是受到幾個月前遠在異地的蝴蝶拍打翅膀產生氣流所造成的。1960 年代，美國數學家 Stephen Smale 發現，某些物體的行徑經過某種規則性的變化之後，隨後的發展並無一定的軌跡可循，呈現失序的混沌狀態。

　　混沌現象起因於物體不斷以某種規則複製前一階段的運動狀態，而產生無法預測的隨機效果。所謂「差之毫釐，失

之千里」正是此一現象的最佳註解。具體而言，混沌現象發生於易變動的物體或系統，該物體在行動之初極為單純，但經過一定規則的連續變動之後，卻產生始料所未及的後果，也就是混沌狀態。但是此種混沌狀態不同於一般雜亂無章的混亂狀況，此一混沌現象經過長期及完整分析之後，可以從中理出某種規則出來。混沌現象雖然最先用於解釋自然界，但是在人文及社會領域中因為事物之間相互牽引，混沌現象尤為多見。如股票市場的起伏、人生的平坦曲折、教育的複雜過程。

混沌理論在教育行政、課程與教學、教育研究、教育測驗等方面已經有些許應用的例子。由於教育的對象是人，人是隨時變動起伏的個體，而教育的過程基本上依循一定的準則，並歷經長期的互動，因此，相當符合混沌理論的架構。也因此，依據混沌理論，教育系統容易產生無法預期的結果。此一結果可能是正面的，也有可能是負面的。不論是正面的或是負面的，重要的是，教育的成效或教育的研究除了短期的觀察之外，更應該累積長期資料，從中分析出可能的脈絡出來，以增加教育效果的可預測性，並運用其擴大教育效果。

# 組織變革

　　組織變革（organizational change）是管理學及行政學的重要概念，也是工商企業界、政府單位以及學校單位，近年來積極追求的重要目標之一。所謂組織變革，是指一個組織進行局部或整體調整的過程。

　　組織變革的概念來自於組織行為學。組織行為理論把社會性的組織視為具有生命的有機體，不僅會成長而且會死亡，一個組織為了在社會大環境中求生存，必須因應外在環境的改變，不斷進行局部或整體的調整。

　　組織變革是一個由「穩定狀態」變成「不穩定狀態」再轉為「穩定狀態」的過程。當內外在因素（如教師會、家長會）對組織的現狀產生不滿時，便會對組織形成一股推或拉的力量，造成組織內部的緊張與不穩定，當緊張或不穩定的狀況超過某一限度之後，將造成組織的瓦解。為了消除過度緊張與不穩定的狀態，組織本身必須進行調整，直到緊張或不穩定的狀況得到紓緩為止。

　　除了因應內外在壓力必須進行組織變革外，現代的組織變革理論開始強調計畫性的組織變革。所謂計畫性的組織變革，是指組織本身依據長遠的願景進行有計畫、有系統的調整。為了達到變革的目的，組織本身必須在穩定的現狀下，投下巨石，製造預期的不穩定狀態，以激起變革的動力。接著引導組織成員進行調整，以便再次達到暫時的穩定狀態。

經過一段時間之後，再持續主導「穩定—不穩定—穩定」的
循環歷程，形成不斷變革的機制，最後達到不斷自我改進、
自我超越的學習型組織。

　　組織變革貴在落實執行、持續執行。研究指出：許多組
織變革的推動僅止於形式上的改變，並沒有達到實質改變的
目的；也有許多的組織變革奢求立竿見影，或只有五分鐘的
熱度，最後落得不了了之的下場。落實執行、持續執行變革
的目標及方向，建立制度化的變革，是成功達成組織變革目
標的基本要領。

　　學校組織是社會組織的一種，因此也常須隨著主客觀環
境的變動而機動調整，甚至有計畫的進行變革，以引領整體
社會的變革。但是學校是一種相當穩定的組織，而且牽涉的
人員、設備及經費相當廣泛，要在足夠的推拉力量，以及相
關條件的密切配合之下，才能啟動變革的樞紐。

# 終身教育

終身教育（lifelong education）是指每個人從出生到死亡，終其一生都有機會接受教育，以使個人具備適應社會變遷，並促成個人潛能的充分發揮之意。俗語所說的「活到老、學到老」，最足以代表終身教育的精神。

聯合國教育科學文化組織（UNESCO）自 1965 年推展終身教育的理念以來，已陸續引起各先進國家的迴響。最近，日本及歐美等國相繼把終身教育列為教育改革的重點，終身教育已成為世界教育的一股重要潮流。教育學者在推動此一理念時，引申出幾個不同的名詞，有人稱為繼續教育（continue education）、也有人稱為終身學習（lifelong learning）、或生涯學習（career learning），這些名詞雖異，實質內涵卻都一致，目的均在建立一個學習社會（learning society），使每個人除了在學校中學習之外，也在家庭、社會這個「大學校」中願意主動、積極的學習。

為配合學習社會的理想，我國目前正由教育部積極建構終身教育體制。除把民國八十五年定為「終身教育年」作為推動終身教育的基礎外，擬議中的終身教育體制以「終身教育法」為最高指導原則，從縱剖面統整家庭教育、幼兒教育、學校教育、及社會教育體系的終身教育功能，從橫切面連結家庭、社區、工作場所和學校的學習體系。

在此一終身教育體系構想下，家庭教育、空中教育、藝

術教育、成人教育、以及圖書館教育部分均有待規劃建立。
家庭是兒童的第一個、最基本、也是最長久的學習場所；空
中教育可透過科技媒體深入家庭、學校、以及社會的各個角
落；藝術教育在豐裕個人的精神生活；成人教育提供成人特
定需要的生活化課程；圖書館教育提供普遍而實用的生活及
文化資訊，這些都是終身學習環境中不可或缺的部分。至於
正規教育方面，則從對象更廣泛、課程更生活化、制度更彈
性化等方面著手，舉凡社區學院的設立，回流教育制度的建
立，綜合高中的規劃、實驗，學校社區化、社區學校化的推
動，偏遠及弱勢族群的成人教育規劃等，都是計畫中的一部
分。

終身教育已成為我國教育改革的重點工作之一，展望未
來，在建立起民眾的普遍共識，完成綿密的運作體系，有效
的執行既定計畫，並不斷的評估執行成果之後，學習社會的
形成將是引領我國二十一世紀的重要基石。

# 通識教育

　　通識教育（general education）係指以喚醒受教者德性、智性、群性、感性、體能等各面向為主體的教育，一方面發展受教者的潛能及生存適應能力，一方面培養受教者能夠與人所生存的人文與自然環境建立良好互動關係。是故，通識教育是一種全人（holistic）的教育，不是專門技術性（specialized）的教育；是一種統整性（integrative）的教育，不是片斷式（fractioned）的教育。

　　在十九世紀末以後，科學技術發展帶給人類更豐裕、更舒適的生活環境，導致整個教育的重心偏向於專門技術的訓練，於是所培養出的學生擁有專精的知識，卻無處世的智慧，此種現象，以高等教育最為嚴重。中外有志之士，深以為憂，認為不設法有效的改進，整個社會可能要付出慘痛的代價。1930 年代，美國芝加哥校長赫欽斯（R. M. Hutchins）倡導百部經典課程，可以視為通識教育的先聲；而哈佛大學校長柯南特（J. B. Conant）在 1945 年出版《自由社會的通識教育》（*General Education in a Free Society*），倡導高等教育應該提供學生一些通識教育課程，教育界也愈來愈重視通識教育的實施。

　　其實，通識教育起源甚早，在我國古代的「詩、書、禮、樂、易、春秋」六藝，即含有濃厚通識教育的精神。希臘哲學家柏拉圖曾說：「非生物的結構是整體等於部分的組

合，而生物的結構則是整體大於部分的整合。」人類生命之可貴，在於其發展的無限可能，適當的通識教育正是開啟個人無限可能的橋樑，整個通識教育的有效實施，對於人類生命的開展及人性光輝的發揮，應該是積極正向的。

我國憲法第一百五十八條規定：「教育文化，應發展國民之民族精神、自治精神、國民道德、健全體格、科學及生活知能。」可知整個教育目標亦以通識教育為主軸，可惜在高等教育發展並不以主軸為開展，導致學理工人員缺乏人文素養，學人文及社會科學人員缺乏科技素養，以人為主體的教育受到相當大的考驗。因此，在當前高等教育發展中，如何突破通識教育的困境，實現通識教育的目標，實在是迫切之事。

值此終身學習時代的來臨，通識教育正是建立終身學習社會的基礎，因為在終身學習社會中，個人不僅要學會認知、學會做事、學習與人相處，而且也要學會自我實現，這些都與通識教育具有密切的關係。換言之，通識教育的有效實施，正是確保這些能力獲得的有利條件。所以，今後如何從通識教育的師資、教學內容、教學方法、教學設備等方面加以改善與充實，發揮通識教育的功能，以培養一位健全人格的個體，應該成為教育革新的重要項目之一。

# 創造思考教學

創造思考教學（teaching for creative thinking）係指教師在教學過程中，透過多元活潑的課程內容、教學活動和學習環境，培養學生創造思考能力的一種教學方法。

根據毛連塭博士的看法，創造思考教學與「創造性教學」（creative teaching）和「創造力教學」（teaching for creativity）略有差異。創造性教學係指教學具有創造性、使教學生動、活潑、多變化，而非以培養創造力或創造思考為目的；至於創造力教學則是培養學生創造力為目的。所以，創造思考教學可說結合了創造性教學和創造力教學，其目的則不只是在培養創造力，同時也包括了創意思考過程（如原級思考過程、水平聯想、擴散性注意力）的激發等方面，學生有了這些能力和思考過程，自然能夠產生創新的概念。

因此，創造思考教學具有下列特徵：(1)強調多元活潑教學策略：它不是單一的教學策略，教師於教學過程中，可就教學需要和學生需求，應用各種教學方法，使教學活動更為活潑生動有趣，以激發學生學習動機和興趣。(2)重視創造思考能力的培養：教師於教學活動中，鼓勵學生充分運用其想像力，開啟學生各種創造思考能力。(3)建立以學生為主體的教學：過去的教學方法，偏重於教師本位的教學，學生大都在教師教學指導下進行學習，過於強調標準答案的獲得，較少顧及學生心理需求和獨立思考的能力。而在創造思考教學中，教師採用協同教學、討論教學或腦力激盪等方式進行，鼓勵學生互動的學習、合作的學習和思考的學習，學生創造

思考能力源源不斷，可說是以學生為主體的教學方式。

平心而論，過去國內受到升學主義和文憑主義的影響，過於強調制式教學，教師處處講求共同教材、統一進度和標準答案，導致創造思考教學不易推展。值此教育改革的今天，家長的觀念慢慢改變，教育制度和課程已經逐漸鬆綁，整個教育大環境，漸有利於創造思考教學的推動。

是故，為了有效培養學生創造思考能力，下列作為是必要的：(1)獎勵學生創造思考能力的表現：學生有新（獨特）的點子、新的計畫或思考行為，教師或學校給予肯定或獎勵。(2)鼓勵學生專注於內在酬賞：一般而言，學生樂於其學習活動，並以其學習成果為豪，則較富有創造思考能力，至於過於重視得分高低，則否。因此，宜多激勵學生內在動機和酬賞，探索自我學習興趣。(3)給予學生自由和冒險的環境：學生害怕失敗，不敢嘗試，常常是培養創造思考能力的無形殺手，教師教學應該設計一些挑戰性的活動，不要在意學生的表現，鼓勵學生勇於嘗試，容許學生失敗。(4)提出較高層次的問題：教師於教學活動提出的問題要求學生回答，若屬於較高層次問題（擴散思考性問題、非記憶性問題），學生可用所學的知識以新方式回答，則有助於學生創造思考能力的培養。(5)提供學生必要的創造思考時間：學生從事創造思考活動，是一個新的嘗試，可能會遇到一些挫折或失敗，教師除了容忍之外，提供他（她）們有足夠的思考時間是必要的，因為很多創意想法不是一夕形成的。

總之，創造思考教學，是一種生動活潑多元化的教學，不僅要培養學生創造力，而且也要激發學生思考力，學生有了創造力和思考力，將會提升整個教育的活力，同時未來更有助於國家的競爭力。

# 策略管理

策略管理（strategic management）係指組織運用適當的分析方法，確定組織目標和任務，形成發展策略，並執行其策略和進行結果評估，以達成組織目標的過程。

策略（strategy）一詞，本身是指軍事上計畫的一種藝術，意即所謂的「戰略」，後來引申到專為某項行動或某種目標所擬定的行動方式，所以策略管理係針對未來發展的管理性的活動，它離開不了「目標」、「計畫」和「行動」等要素。因此，就策略管理的本質而言，它是一種策略計畫，屬於未來導向的計畫性活動；就策略管理的運作而言，它是策略執行和評鑑，屬於一系列的分析、執行和評鑑策略的活動；就策略管理的功能而言，它是策略的運用績效，在於讓組織營造良好的經營環境和營運系統，使組織成員全心投入，善用組織各項資源，以因應變革，創造競爭優勢，實現策略目標。

策略管理的觀念，可追溯至著名的策略理論家安索夫（H. I. Ansoff）於 1950 年代所發展出「長期規劃」的管理制度，強調「預期成長」和「複雜化的管理」，並假設過去的情勢會延伸到未來，其後又提出「策略規劃」，形成了策略管理的重要基礎，以更具彈性和前瞻性的策略，因應多變的環境。

基本上，一套完整的策略管理程序，可以歸納如下：(1)

界定組織目標：任何組織必須先確定其組織的目標和使命，作為未來努力方向，此為策略管理的第一步；(2)進行SWOT分析：就組織的外在環境，分析其機會（opportunity）和威脅（threat），其次就組織的內在環境，分析其優勢（strength）和劣勢（weakness），作為擬定計畫和執行策略的依據，此為策略管理重要利器；(3)形成策略：根據SWOT分析結果，建構各種執行策略，此為策略管理重要骨幹；(4)執行策略：根據所形成的策略，交給相關單位和人員執行，此為策略管理的實際運作；(5)成效評估：就計畫目標與執行情形進行通盤性的檢討，以瞭解其得失，作為未來修正目標或改進計畫的參考。

　　值此教育改革如火如荼推動之際，以及社會快速變遷的時代，學校領導者能夠善用策略管理，執行各種變革策略，善用學校教育資源，強化學校成員教育改革動力，將更能發揮學校教育績效。

# 策略聯盟

　　策略聯盟（strategic alliances）是指組織之間為了突破困境、維持或提升競爭優勢，而建立的短期或長期的合作關係。

　　策略聯盟又稱為夥伴關係（partnership）原是企業界提升競爭力的重要策略，目的在透過合作的關係，共同化解企業本身的弱點、強化本身的優點，以整體提升企業的競爭力。美國企業界在 1970 年代之後面臨日本企業的強大挑戰，不僅部分企業相繼關閉，部分知名企業也面臨空前的壓力。企業專家為協助各企業維持其既有的競爭優勢，發展出策略管理理論，研擬有效的策略，而策略聯盟就是其中比較常被採用的策略。

　　企業界採取的策略聯盟型態視其本身條件及市場狀況的不同而異，一般來說，多數採取垂直式、水平式、或混合式的策略聯盟模式。垂直式策略是指與具有互補功能的不同企業或單位建立夥伴關係，以提升企業的研發功能與產銷效能，如建教合作、產銷合作、擴大服務項目等；水平式策略是指結合功能類似的企業，有效運用既有資源，以擴大服務的點與面，如連鎖店；混合式策略是指兼具垂直式與水平式的策略聯盟，以全面提升企業間的競爭力。

　　企業界策略聯盟的最終目的在於尋求企業間的互補關係，亦即企業本身比較缺乏的部分，可以透過合作的方式加以強化。如規模較小的個別商店在面臨同業競爭之後，容易

造成經營的困難，如加以結盟就可以達到擴大規模的效果；又如，研發力強的企業，資源可能不見得充足，如果與製造業合作，不僅可以獲得資金，研發過程的實驗、結果的推廣等方面的需求，也都可以獲得滿足，而製造業本身也可以減少研發成本，並投注較多心力在產品品質控制上，可謂互蒙其利。

近年來，由於國內面臨加入 WTO 的強大壓力，政府各個部門也紛紛提出相應的對策，教育部門也不例外。政府加入 WTO 之後，大陸與國外知名高等教育學府將陸續登台，因此，有部分具有互補性質的大學展開策略聯盟或併校，以及規模較小的師範學院成立聯合教育大學的提議。另外，師資培育多元化之後，各師資培育機構為強化競爭力，也紛紛與中小學締結策略聯盟，中小學同時也可以從師資培育機構獲得九年一貫課程等教育改革方面的協助，形成互助互利的共同體。未來，教育機構與教育機構之間，以及與非教育機構之間夥伴關係的建立，仍有相當大的探討與發展的空間。

# 量尺分數

量尺分數（scale score）是指將接受測驗者在該項測驗答對的題數，依據測驗原理訂定數學公式，並依據此數學公式轉換成可以在測驗之間、考生之間相互比較的分數。

一般人在一項測驗或考試的每一個部分答對題目所獲得分數的總和，就是受測者或考生在該測驗的分數，如高中聯考國語科成績為八十分，以測驗的用語來說，這個分數就是原始分數（raw score），是一般人較為熟悉的計分方式。

有時為了提高某個部分或某個科目的重要性，會以加重計分的方式提高分數的比重，如大學聯考時某些學校的中文系要求國文科加重計分 50%，換句話說，如果考生國文科的原始分數是八十分，加重計分之後的分數變成一百二十分，加重計分之後的分數已經不是考生原來的實得分數，而是加權分數（weighted score），而且是根據簡單的數學公式換算而來。

不論是原始分數或加權分數，都無法正確反映一個人的學習結果——即學力，也因此，無法正確解釋同一個人在不同測驗的成績、不同人在同一測驗的成績之間差異的意義。如某一考生國文測驗八十分、英文測驗七十分，從分數來看，該生的國文成績高於英文成績，但是如果大多數考生國文都在八十分左右，英文在四十分左右，則顯然該生的英文「學力」遠高於國文「學力」。

　　為了解決不同測驗成績的解釋與比較問題，測驗學者發展出可以合理比較的量尺分數，將原始分數進行轉換。一般測驗所採用的量尺分數大概分為兩類，一種是將原始分數進行常態化轉換，另一種是將原始分數進行轉換的同時，利用數學方法將測量誤差調整成相當一致。前者為TOFEL、GRE等知名測驗所使用，後者為美國學者E. L. Lindquist所倡導，並使用在著名的「愛荷華教育發展測驗」（Iowa Tests of Educational Development）中。這兩類尺分數有一個特徵，就是原始分數經過轉換之後，所分布的分數並不連續，也就是說有些分數會不存在，如托福成績只聽說有人考五百五十分，卻從沒有聽說過有人考五百五十一分。由於後者的量尺分數比較精確，因此，晚進的測驗學者大都主張採用此種量尺分數，我國現行國中基本學力測驗也採用此類量尺分數。

　　量尺分數的範圍因測驗之不同而不同，如著名的智力測驗比西量表平均數是一百分，托福的平均分數是五百分。國內測驗學者發現以六十分為滿分的量尺分數，一方面可以滿足提高成績的精確度，另一方面可以與現行學校的一百分制做區別。但是國人習慣於原始分數、加權分數的概念以及滿分為一百分的計分制度，加上升學主義下分分必爭的殘酷事實，釀成基本學力測驗的紛紛擾擾，教育決策者實應引以為戒。

# 開放教育

開放教育（open education）是指因應學生個別差異妥慎設計學習環境，激發學生不斷主動探索學習，使兒童獲得全人發展的教育理念與措施。

如同許多現代教育名詞一樣，開放教育一詞最早出現於英國，盛行於美國，其後傳播於世界各地，我國當然也不例外。事實上，開放教育的理念存在於各地的教育實境當中，惟開放教育成為專有名詞，並開始有系統建立完整體系，最後終成當今教育思潮的主流，則全賴 1960 年代英國教育學者的提倡，以及 1970 年代美國教育學者的推動。

開放一詞與封閉相對。封閉有固定、統一、標準化的意義；開放則是彈性、自主及多樣。具體來說，封閉的教育系統中，教師缺乏教學自主權，採用集體管理，使用統一課程，偏重機械式的教學及學習方式，並以量化與唯一答案為評量核心。開放教育強調教師專業知能及自主權，肯定學生個別差異，教學及學習內容具彈性、多樣化，重視學生全面性發展，鼓勵不同的答案。

開放教育的實踐在世界各先進國家已蔚為一股風氣，並依其實際情境需要而作調整。美國中小學教育最近二十年來一直以開放教育為主流，不論在學習環境的設計及布置，課程內容的規劃，以及教學活動的進行方面，都充分反映彈性、多樣、主動、適性的開放教育精神。紐約州的強生市學

校系統（Johnson City Schools）是其中一例。

　　在英國，尼爾（A. S. Neil）一手建立的夏山學校（Summer Hill）被視為辦理開放教育的楷模。夏山學校實施混齡教學輔以個別化教學設計，學生自己決定學習內容及生活規則，強調學校適應學生而非學生適應學校。英國小學教育在1988年以前大致反映這種開放教育的理念，惟自1988年以後有朝向管制品質的傾向。

　　日本對於開放教育的實踐亦很積極，而最典型的開放教育學校首推緒川學校。日本緒川學校強調教學過程及適應學生個別差異的教學，並以周遭事物為教材，創造一個以學生為中心的學習情境。在實施上則以自學輔導方案為核心，使每一位學生在自己既有的基礎上，不斷的自我成長。

　　我國最近幾年來開始有系統的推動開放教育，在政府單位方面有台北市的幼稚園與小學低年級教學銜接實驗、田園教學實驗、教學評量改進實驗、以及台北縣的現代教育實驗班。幼小銜接旨在促進小學教育的開放；田園教學在有效運用生活周遭環境的資源；教學評量改進實驗則以統整式的評量為改進目標；現代教育實驗班則兼顧全面性的開放措施。至於民間部分則以森林小學以及種籽（毛毛蟲親子實驗）學苑為代表。

　　開放教育是現代教育思潮的一股主流，它代表著對傳統教育反省的一種過程。但這並不表示開放教育可以完全取代其他的教育理念及實際，而是具備一種相輔相成的功能，可以說兩者合則成、離則敗。

# 補償教育

　　補償教育（compensatory education）係指為文化不利（cur-tureally disadvantaged）兒童設計不同教育方案，以補償其幼年缺乏文化刺激的環境，進而減少其課業學習困難和增進課業學習能力。

　　補償教育的倡導，在英美約起源於 1960 年代左右，當時民權運動的興起，社會呼聲廢除種族隔離政策，促進學校融合，並落實教育機會均等。所以，照顧弱勢族群或文化不利兒童，成為當時教育和社會福利的重要政策之一。

　　補償教育之所以重視弱勢族群或文化不利兒童，其基本的假設在於這些兒童在幼年生活都有文化剝奪現象，在語言發展上都有顯著不利的狀況，因而影響到爾後進入小學的學習效果。因此，為了讓這些兒童有學習成功的能力和機會，不要讓他們成為學習的失敗者或落後者，政府應該極力給予協助，以強化其學習條件和機會。

　　英美為了有效推動補償教育，乃紛紛提出各種補償教育方案，例如：在美國提出的充實方案（enrichment program），注重語言、數學、科學、閱讀技巧等方面的補救課程；學科導向學前教育方案（academically oriented preschool program），則以發展語言技巧為主；此外 1965 年開始實施「及早教育方案」（Head Start），提供低收入家庭兒童及早接受幼兒教育，實施以來亦獲得相當大的成效，其成功的主要原因在於

提供全面性的服務、家長參與和家庭支持、能夠符合地方性
需求、訓練和技藝的支持，以及採行合作性的方式。英國亦
有補償教育的類似做法，將貧民地區、學校設備與師資較差
地區，劃定為「教育優先區」（educational priority area，簡稱
EPA），優先提撥教育經費給這些地區，同時為鼓勵優良教
師到教育優先區服務，特別提供優惠教育津貼，以補救這些
地區教育之不足，使文化不利或資源不足地區之教育能夠得
到適當的發展。

　　不管補償教育方案採取何種方式，其主要目標都有其共
同之處：(1)所有方案都強調早期教育的重要性，補償教育愈
早實施效果愈佳；(2)所有的方案都是針對弱勢族群或文化不
利地區之兒童；(3)多數方案都重視語言學習、閱讀技巧、數
學學習、自我觀念和學習態度的培養。

　　基本上，補償教育多多少少意味著教育機會均等的實
現，不管來自任何階層的兒童應當都有接受同等與保障其教
育機會。我國在民國八十年代大力推動的「特殊教育」和
「教育優先區計畫」，可視為補償教育的代表政策之一，實
施結果亦獲得相當大的肯定，值得繼續努力。

# 隔空教育

　　隔空教育（distance education）是指透過遠距離教學的方式，所進行的一種教育活動。由於教學活動是在教授者與學習者雙方在空間阻隔之下進行，不似傳統的面對面教學方式，因此，稱為隔空教育。

　　隔空教育起源於透過書信教學的函授教育，但隨著傳播媒體、衛星及電腦科技的發達，隔空教育的規模及數量急速擴增，不僅成為一個國家整體教育重要的一環，甚至有發展成為國際性教育組織的趨勢。

　　目前隔空教育的教學型態主要包括三類，第一類是透過書信進行教學的函授教育（教學），第二類是透過電視、廣播所進行的空中教育（教學），第三類是透過電腦網際網路所進行的遠距離教育（教學）。不論是函授、空中、或遠距教學的隔空教育，都具備有超越時間及空間障礙的特徵，將教學內容傳送到遠在各地的學習者的能力，而且同樣的教學內容可以重複的進行，因此，對於整體教育的實施成效有廣泛而且深遠的影響力。近年來，由於終身教育以及學習型社會的理念日漸受到重視，具有時空彈性及對象普及性的隔空教育，所扮演的角色有愈加吃重的趨勢。

　　國外隔空教育較為發達的國家，不僅具備完整的隔空教育體系，而且提供全民需要的教育內容，因此，舉凡正式課程的提供、補習教育的實施、學校課程的複習、日常生活知

識的介紹、專業技能的訓練、在職進修活動的實施、各類考試的準備等，都在隔空教育之列。

在國內外隔空教育體系中，以提供成人繼續教育的隔空大學，最受矚目。各國的隔空大學均由政府設立，目的在普及高等教育，以提升全民的素質。我國的空中大學，日本的放送大學，以及英國的開放大學等，都是屬於隔空大學的性質，為民眾提供彈性而且名額龐大的高等教育。

我國隔空教育的實施，主要採空中教學的方式進行，並輔以函授教學。早期的隔空教育大多用於推展失學民眾的高職補習教育，稍後提升至專科程度，民國七十二年再提升至大學程度，民國七十五年政府設立空中大學之後，我國隔空教育體系漸趨完整。

惟目前我國的隔空教育在實施對象上，仍以專科及大學為主，實施的內容大體為學術取向，實施的方式以電視教學為主，因此，實施對象仍不夠普及，實施內容不夠多樣化，實施的方式不夠彈性。未來配合政府終身教育體系以及學習社會的推動，我國隔空教育將有廣大的發展空間。

# 實作評量

　　實作評量（performance assessment）又稱非紙筆測驗，係指根據學生實際完成一項特定任務或工作表現所作的評量。這些任務或工作，可能是實際操作、口頭報告、科學實驗、數學解題、寫作……等。因此，其所使用的方式，係透過直接的觀察學生表現或間接的從學生作品去評量。這種評量方式異於傳統的紙筆測驗（paper-and-pencil test），它重視實作的能力，就像駕照考試的路考一樣，係從實際的行為表現來評量，而不是依賴筆試來決定，因此最常用於自然科學方面。

　　實作評量崛起於 1990 年代早期，其興起的原因主要有三：(1)對選擇式反應測驗（selected-response tests）的不滿：選擇式的測驗只能測出學生所學再認知的部分，無法測出學生較高的思考能力，如問題解決能力、綜合、分析、歸納等能力；(2)受到認知心理學的影響：認知心理學家認為學生應該兼顧內容知識和過程知識，而過程知識的獲得，需要經過實作的表現，才能夠達成；(3)傳統測驗對教學的不良影響：古今中外，考試領導教學，司空見慣，傳統的紙筆測驗，會影響到教師教學偏重於學生記憶的學習，若是透過實作評量的方式，就可以轉移教師教學活動的方式。

　　因此，實作評量的主要課題，可以歸納為兩方面，第一：選定學生重要的工作或任務；第二：根據學生對工作或任務表現，評定其成績。其實，實作評量並非十全十美，仍

有一些技術性的問題亟待解決，例如：所花費的時間較多，評分標準的客觀性，教師本身的評量能力，以及所選定的工作或任務，足以代表學生整體的表現嗎？……等諸問題，都可能受到質疑。所以，實作評量的應用及推廣，仍有一些限制。

總之實作評量對於改進傳統的評量方式，的確有其實質的意義和價值；尤其重視學生的實際工作的表現；轉移過去所過分強調的紙筆測驗；就評量角度而言，實為一大突破。因此，有關實作評量的運用，不僅有些教師已在班級教學上加以使用；將來各校在遴選教師時，亦可作為甄選工具之一。

# 綜合中學

綜合中學（comprehensive school）是指因應學生的能力、興趣、性向，提供彈性、多樣普通及職業課程的中學而言。

綜合中學與我國的一般中學迥異。現制中學主要分為普通高中、高職、以及高中附設職業類科三種。普通高中主要以提供語文、數學、理化、生物、史地等普通課程，使學生做好升學準備為要務；高職則以提供農、工、商、家政、幼兒保育、觀光、餐飲、海事水產等方面職業課程，使學生習得實用技藝為目標；高中附設職業類科普通科學生與一般高中學生所習得課程相同，職業科學生與一般高職學生習得課程一致。

英國的綜合中學是第二次世界大戰後，民主浪潮衝擊下的產物。首度於倫敦市試辦的綜合中學旨在打破傳統上平民、貴族分別就讀不同學校的雙軌制度，使學生不分出身貴賤均就讀同類學校。為符合不同背景學生的興趣及需求，英國綜合中學所提供的課程極為豐富，包括普通科目、高深科目、以及職業科目。

美國中學型態向以綜合中學為主幹，即是將普通中學與職業學校合併設於一校。學校中既開設普通科目，且開設各類職業、技藝科目。除部分科目所有學生均須修習外，其餘多種普通、職業、技藝科目均屬選修。希望繼續升學的學生，可多選習與升學有關之科目；不立即升學的學生，亦可

依志趣選習語文、數學、社會、自然、體育運動、商業、工業、農業、美術、或駕駛訓練等課程。

　　至於我國普通高中及高中附設職業類科之普通科學生專門修習普通科目，高職及職業類科學生專門修習職業課程，兩類學生均沒有彈性、多樣選擇普通及職業課程的空間。有鑑於此，教育部乃於民國八十四年七月正式公布「綜合中學試辦計畫暨試辦要點」，選定全國十九所高中職自八十五學年度起試辦綜合中學。

　　我國試辦的綜合中學，與英美等國綜合中學之目標和精神並無二致。基本上，乃是高級中學得依據其教育功能，同時設置普通科與職業類科的不同課程，以招收性向未定的國中畢業生，藉試探、輔導等歷程，輔導學生自由選擇普通課程或職業課程，以延後分化，達到適性發展之教育目標。

　　目前我國綜合高中採學年學分制，修滿一百六十學分以上，即可畢業。修業年限以三年為原則，最低為二年，最高為五年；畢業後可自由參加大學、四技、二專聯招外，也可參加大學推薦甄選及四技二專甄試保送，或習得一技之長，直接就業。直到九十學年度為止，全國設有綜合高中的學校總計已有一百四十四所，展望二十一世紀，綜合中學將成為我國中等教育制度之主流。

　　總之，綜合中學之設置，已逐漸成為各國學制的一部分，它提供學生有多樣選擇機會，對於學生生涯發展與決定，應有相當助益。

# 網路成癮

　　網路成癮（internet addiction）或譯為網路上癮、網路沈迷，是指網路使用者過度沈迷於網際網路，所形成的一種上癮行為，有如沈溺於藥物、酒精、賭博一般，片刻離開就渾身感覺不舒服。

　　1996 年心理學家 Ivan Goldberg 以及 Kimberly Young 對於民眾上網行為的研究相繼發現，有些人只要一上網就不知今夕何夕，有如魚兒上鉤一樣，很難下得來，即使下了線也滿腦子圍繞著網際網路上的事物，希望能趕快再上線攸遊於無限的網路王國，也就是玩網路玩成癮，無法自拔。前者從臨床的病例中提出「網路成癮」的症狀，後者則進一步探討網路成癮者的心理及行為特徵。

　　由於網際網路具有匿名、使用便利以及資訊豐富的特徵，因此，民眾上網人數有急速增加的趨勢，而上癮者也不在少數。根據研究，美國約有 6%的網路使用者成為網路成癮者，這些上癮者上網頻率極高，對網路存有某種幻覺，常因沈溺於網際網路而減少甚至完全拋棄過去實際生活中重要的工作、人際互動以及休閒娛樂活動，個人的悲歡離合都在網際網路中度過。

　　網路成癮者會有越來越沈迷於使用網路，以獲得更多滿足的慾望與衝動；一旦上網，就遲遲不肯離開；上網時精神奕奕，離開之後則有精神不濟或情緒低落等現象。由於長期

沈溺於網路，忽略日常正常生活，而有耽誤工作、學業的情形，甚至造成眼睛、肩膀、胸肌、背肌、腕肌疼痛，以及睡眠不足等問題。

　　在眾多網路使用者當中，約有四成是學生，其中大學生上網的機會與頻率比較多，網路成癮的機會相對較高。中小學課業比較集中，使用網路的機會也比較低，但是只要接觸的機會一多，如家中有自己的電腦、有錢流連於網路咖啡等，在缺乏自制力的情況下，很容易就上癮，而且上癮的情況比大學生以及成人還嚴重，必須加以正視並積極發覺予以輔導。

　　網路成癮者通常與適應不良有關，生活的壓力、課業的壓力以及人格特質，與沈迷網路息息相關，學生為了逃避壓力、宣洩情緒，容易迷戀於網路。而網路提供使用者虛擬的溫暖情節以及宣洩的管道，更讓使用者難以自拔。

　　網路能使人更有活力，也可以讓人頹廢不振，所謂預防重於治療，教育單位應即時建立網路輔導系統，思患預防。

# 網路輔導

　　網路輔導（internet guidance）係指學校或教師引領和指導學生善用網路資源，避免學生沈迷於網路，以及學校或教師有效運用網路資源，拓展輔導領域和技術，以擴大輔導效果。

　　因此，網路輔導具有雙重的意義，一方面是要讓學生瞭解網路的優點及有害的影響，積極面是鼓勵學生有效利用網路資源，擴大學習效果，消極面則是指導學生避免不當使用網路，導致身心都受到傷害；另一方面則是學校和教師充分利用現代資訊科技和網路系統，不再是只有傳統的輔導方式，例如：運用 e-mail 方式來輔導學生，亦可協助學生解決問題和幫助學生成長。

　　基本上，隨著資訊科技的高度發展，90 年代人類所使用的網路科技，進行資訊的儲存、運算與傳遞，是無遠弗屆且無重量的，所以人類可以說是已經進入真空或無重量時代（The Vacuum/Weightless Age），這種網路科技所帶來的便利性，改變了整個人類生活方式。

　　時下青少年學生的生活方式，受到網路科技影響極大，尤其網路科技突破了地域的限制，打破國界的藩籬，具備了安全隱密性、反應立即性、資料豐富性、使用方便性等種種特性，加以各類網站內容五花八門，各種電腦遊戲推陳出新，刺激了青少年上網和打電動的動機和慾望，並且滿足了青少年的好奇心，導致青少年使用網路趨之若鶩，「網路咖

啡」應運而生。但是網路資訊良莠不齊,素質不一,青少年缺乏足夠的判斷能力,常常沈迷於網路虛擬世界而無法自拔,不僅危害自己身心健康,有時候還做出害己害人之事。是故,青少年的網路輔導有其迫切性與必要性。

網路輔導的目的,其消極目的在於避免青少年沈迷於網路世界,而積極目的則在於培養青少年正確使用網路,建立適當休閒生活,維護身心健康和人格健全發展。所以,網路輔導的內容主要包括五方面:(1)網路使用的正確認知、(2)瞭解網路使用與健康關係、(3)適當的使用網路資源、(4)熟悉網路使用倫理規範、(5)理解網路沈迷後果。至於網路輔導方式可採用個別輔導、團體輔導和線上輔導(如:E-mail 電子郵件輔導、一對一線上輔導……等),讓青少年接受更多樣的輔導,以強化輔導效果。

總之,青少年缺乏正確的使用網路認知,常常成為網路世界的受害者。因此有效的網路輔導,將可使青少年成為網路的受益者,所以網路輔導將是資訊社會未來輔導的一項重大課題。

# 遠距教學

　　遠距教學（distance instruction）係指運用現代傳播科技（如：電腦、網際網路、視訊會議設備及視訊整合系統等）來傳授知識和技能的一種教學方式。這種教學方式打破時間和空間的限制，學生可以在自己的個人電腦前聽教師在遠方教室上課；也可以參與討論和發問，整個教學過程如同在一般教室上課。

　　我國於民國八十三年八月成立「國家資訊通信基本建設專案推動小組」（簡稱 NII 推動小組），極力推動資訊高速網路的規劃，因而「遠距教學」系統，成為政府優先推動項目之一；教育部亦於該年十二月成立「遠距教學先導系統規劃委員會」，積極規劃遠距教學系統，乃參照歐美制度，建立遠距教學系統三大類：⑴即時群播教學系統：有一間主播教室及一間或者數間遠端教室，教師在主播教室授課，學生則在遠方另一個遠端教室聽課，師生間可以做即時的交談及回答。⑵虛擬教室教學系統：利用電腦軟體設計一套教學管理系統，模擬教室上課的情境。師生在任何時間都可以在電腦前，透過通訊網路與教學管理系統述陳，隨時授課或學習。⑶課程隨選教學系統：利用「交談式視訊點播」（video on demand，簡稱 VOD）技術，學生可以在電腦或裝有控制盒的電視上，將所要學習的教材透過網路取得，並且依照個人學習速度操控播放過程，進行學習。

　　目前國外各大學也開始推動遠距教學，教育部曾邀集台灣大學、清華大學及交通大學共同合作，利用國內現在的相關網路設施，製作一套即時群播教學系統，於民國八十四年七月十四日啟用，開啟我國遠距教學新時代，未來利用遠距教學系統進行跨校選修及跨國學術交流，將是指日可待。

　　遠距教學有其時間和空間的彈性，而且不必掛慮電腦設備及運作系統的相容性，同時教學方式新穎，可以掌握最新訊息，頗具發展空間。但是，仍有一些限制，例如：受限通訊連接容量，影響資訊傳送；學習者必須具有電腦操作和網際網路運用能力；大量資訊閱讀造成個人負擔；缺乏肢體行為線索阻礙溝通；當然，也有可能產生社會的孤立。這些將是實施遠距教學不可避免的現象。

# 數位差距

數位差距（digital divide）或譯為數位落差、數位鴻溝，是指在現今及未來的網路時代中，擁有電腦、網路等數位化科技者，正快速拉大與未擁有者在知識取得、財富以及社會地位的距離，形成新的社會不公平現象，此一現象在學校教育體系尤為明顯。

數位差距一詞，首度由美國商務部在 1999 年發表的「從網路中跌落——界定數位差距」（Falling through the net: Defining the digital divide）專題研究報告提出。該報告指出：在資訊社會中，個人電腦以及網際網路等資訊工具對於個人的經濟成就以及生涯發展具有關鍵性的影響力，有無電腦以及運用電腦能力的高低將成為主宰貧富差距的力量（據報導，加州矽谷平均每天約製造六十位百萬富翁）。美國商務部發現，近幾年來由於電腦科技的高度發展，已有快速拉大知識取得、財富累積以及社會地位差距的現象，而這種因社會數位化的結果而加大個人之間在知識、經濟、社會差距的事實，美國商務部稱之為數位差距現象。

在學校教育方面，不同學區以及不同家庭背景的學生，在電腦及網路使用機會上也有明顯的差距。雖然美國聯邦政府計畫在公元二千年達成班班能上網的目標，但是事實上除了比較富有的學區之外，其餘學校的電腦設備以及網路設施仍感不足，學生在學校使用電腦的機會不多。根據聯邦教育

部 2000 年 8 月 11 日公布的一份報告顯示，富有的學區，學生不僅在學校有較多的機會使用電腦，回家之後也可以繼續遨遊網路；貧窮學區的學生，在學校上網的機會相對較少，大部分學生回家之後也沒有上網的機會，即使有上網的機會，也常因網路連線的速度緩慢，而降低資訊搜尋的效率以及上網的意願。影響所及，不同學區的學生在學習數量與學習品質方面，已經明顯出現學習機會不均等的現象，這種不均等的現象，是造成個人未來成就差距的重要原因。

美國前總統柯林頓為解決數位落差的問題，在 2000 年 2 月 2 日的國情報告中，宣布聯邦政府將投注二十億美元，從鼓勵民間企業捐贈電腦、辦理新進教師電腦訓練、設立社區科技中心、擴充社區網路設施與頻寬、提供原住民資訊專業訓練等方面著手，整體改善電腦及網路使用的環境，使數位不再造成差距而在製造機會。我國目前正在積極推動資訊教育，如何建立全面性的電腦與網路使用環境，應是未來的重要課題。

# 課程決定

　　課程決定（curriculum decision-making）係指一個人、一群人、一個團體或一個組織就其課程分析、設計、執行或評鑑過程中，從幾個方案中選擇一個最佳方案的過程。課程決定攸關教師教學內容、學生學習效果和教育目標的達成，所以課程決定在整個教育發展中扮演著極為重要的角色。

　　基本上，課程決定的層級，各國不一，例如：美國課程決定層級可以分為：聯邦、州、地方學區。其中聯邦在全國課程決定的功能不及州和學區，偏重於經費補助、課程研究和發展，實際課程決定權仍在於州，對於學生學習內容、教科書、學習時間、學習機會、學習評量、畢業條件等均有所規定，至於地方學區一般都在執行州所做的課程決定的規定，除非州授權給地方學區，地方學區才有較大的課程決定權，1990 年代所實施的學校本位管理（school-based management）和特許學校（charter school），就授予學區和學校更多的課程決定權。

　　至於我國課程決定層次亦可分為中央、地方、學校三個層級，中央由教育部負責課程綱要的訂定，地方由直轄市、縣市政府負責執行中央所定課程綱要，以及訂定課程實施的方案或辦法，至於學校除了執行中央及地方所定的規範外，隨著教育的鬆綁，已經有較大的課程決定權，例如：在教育部於民國八十九年九月三十日所發布的「國民中小學九年一

貫課程暫行綱要」中明定各校應成立「課程發展委員會」，下設「各學習領域課程小組」，負責學校總體課程規劃、決定各年級各領域學習節數、審查自編教科書、及設計教學主題與教學活動，並負責課程與教學評鑑。

因此，整個課程決定已經慢慢走向學校本位的課程決定，授予學校根據其學校條件、社區特性、家長期望和學生需求，結合社區資源和教師能力，發展適合學校所需的課程，所以在未來的教育發展中，學校和教師的課程決定權將愈來愈吃重。是故，教師的課程設計能力、教材編選能力、多元評量能力也隨之更形重要。

其實，課程決定並不是單純的教育課題，經常受到政治意識、社會變遷和利益團體的影響，它並不是完全的教育專業決定，所以有時是一種政治協商過程，導致課程決定相當複雜。為了使課程決定有其價值性、合理性和可行性，政府實在有必要成立一個課程研究和發展機構，對於課程進行有系統的研究和開發，以提供政府和學校作為課程決策的參考。

不管課程決定權如何，教師仍是課程決定的最重要執行者，所以教師應多充實其課程發展和設計知能，才能發揮課程的主要功能——提升學生學習品質。

# 課程統整

　　課程統整（curriculum integration）係指針對學生學習內容加以有效的組織與連結，打破現有學科內容的界限，讓學生獲得較為深入與完整的知識。

　　西方「統整」的觀念最早源自於柏拉圖（Plato, 427-347 B. C.）所提出的靈魂和諧觀（harmony of the soul）；至於東方則源自於中國易經的陰陽調和說。近代課程統整觀念的發展，可說源起於 1892 年所創立的赫爾巴特（Herbart, 1776-1841）學會，該學會的學者們紛紛提倡學生學習內容的統整性，認為學生的學習不能孤立於生活之外；或者與實際生活相脫節，所以應該重視學科與學科之間的關聯性，美國哲學家兼教育家杜威（J. Dewey, 1859-1952）所提倡的「教育即生活」，就是典型的代表人物。

　　然而隨著知識的發展，分科愈來愈細，學生也慢慢偏重於各學科的學習，但是各學科的學習加起來並不等於整體的學習，於是這種學科式學習受到了批判，認為學習內容過於零碎、呆板、缺乏實用，與實際生活不符，於是學科統整的理念又再度受到重視，所以「聯絡教學」、「主題統整教學」、「大單元教學」等呼聲又再度提起。

　　傳統的課程統整，係將不同學科內容一起融合在一個教學計畫中，於是就產生了複科統整課程和多科統整課程的做法。最近幾年，又有不同課程統整的型態出現，例如：以思

考、推理與問題解決能力為統整課程中心；技能與學科的統整、技能與技能的統整等，課程統整也逐漸走向多樣化。

課程統整的理念，逐漸受到我國教育界重視，在「國民教育階段九年一貫課程總綱綱要」中明列「學習領域之實施應以統整、合科教學為原則」、「學校應視環境需要，配合綜合活動；並以課程統整之精神，設計課外活動」、「在符合基本教學節數的原則下，學校得打破學習領域界限，彈性調整學科及教學節數，實施大單元或統整主題式的教學」，所以未來國民教育逐漸走向課程統整的教學，是一個必然的趨勢。

課程統整的實施，的確有助於學生生活化和完整性的知識的獲得，但是教師是否具有統整教學的能力，如何評量學生統整學習能力，以及是否會為統整而統整，而降低學生能力，都是實施上的一大挑戰。

# 課程評鑑

　　課程評鑑（curriculum evaluation）是指有系統的蒐集及分析課程發展過程與結果或現行課程的相關資料，並據之評斷課程發展過程、結果或現存課程優劣的一種過程，目的在提高課程決定以及課程內容的合理性。

　　課程評鑑是教育評鑑的一環。教育的評鑑活動起源甚早，一般來說，古希臘學者蘇格拉底在對話過程所採取的口頭評論以及我國的科舉制度，被認為是最早的教育評鑑活動，至於有系統的教育評鑑活動及研究則從西方工業革命之後，才正式開始，並在美國蓬勃發展。

　　在 1800 年至 1930 年之間，教育評鑑的主要活動在從事心理與學生成就測驗工作，此時，評鑑與測驗的概念是交互使用的。1930 年代美國教育評鑑之父泰勒（R. W. Taylor）的「八年研究」之後，教育評鑑的概念開始從教育測驗的領域中分離出來，教育評鑑活動的內容也從學生學習的評鑑擴大到課程、教學、視導、人事的評鑑，評鑑方式從量化評鑑轉為兼重質化的評鑑，從單一模式的評鑑轉為多樣模式的評鑑。其間，1965 年美國國會通過的國防教育法案規定凡接受聯邦補助的方案必須接受評鑑，教育評鑑乃逐漸發展成為獨立的學科，並與美國教育改革運動結合，以掌握教育改革的成效。

　　從制訂的層級來看，課程可分為國定、地方、學校以及

教師決定的課程，因此，課程評鑑的範圍也包括國定、地方、學校以及教師決定的課程。但不論是哪一層級的課程評鑑，都可以包括課程發展過程、結果與現行課程的評鑑。課程發展過程與結果的評鑑旨在透過系統化資料蒐集與分析的途徑，協助課程發展者診斷課程的需求、分析適當的課程內容、判斷課程實驗的成效以及進行課程的再修正。現行課程的評鑑目的在針對行之有年的課程做評估，以瞭解其內容與實施是否符合社會發展需要與世界教育潮流。評鑑的程序包括：確定評鑑目的、建立評鑑指標、蒐集相關文獻、擬定評鑑計畫、蒐集評鑑資料、分析解釋資料、提出評鑑報告、進行後設評鑑。

　　實施中的國民中小學九年一貫課程，特別重視學校本位的課程發展，故國民中小學校未來需積極發展具備學校特色的課程，尤需掌握課程評鑑的意義並瞭解實施課程評鑑的步驟與要領，以確保課程內容的適當性。

# 課程管理

　　課程管理（curriculum governance）是指政府為達到政策目標，對於學校課程的內容與實施所採取的介入或控制的行政措施。由於高等教育機構具有高度的課程自主性，因此，課程管理的對象通常限於中小學教育階段。

　　自有公立學校以來，政府便或多或少介入學校課程事務，因此，課程管理可說是早就存在的事實。但是課程管理此一名詞的出現，則已經是二十世紀的事。西元 1925 年，美國學者法蘭德司（J. K. Flanders）提出與課程管理意義相仿的課程控制（curriculum control）概念，論述政府對於小學課程的控制情形。隨後，相關的研究與探討相繼出現。至於課程管理一詞，則遲至 1994 年在美國「視導與課程發展學會」（Association for Supervision and Curriculum Development）的年刊中正式出現，以取代具有負面表徵的課程控制一詞。

　　政府控制中小學課程的情形，隨著政治型態的不同而有差異。在中央集權導向的國家，中央政府對於中小學課程的形式與內容有全國劃一的規定，如課程應包括哪些內容、不同課程內容所占的比例、課程的實施方式、課程的設計方式等，都由中央政府統一訂定，在課程政策上採高控制模式。在地方分權的國家，地方政府直接控制中小學的課程形式與內容，中央政府則透過間接的途徑發揮其影響力，在課程政策上採低控制模式（或開放模式）。

　　傳統上，亞洲國家比較偏向於採取高課程控制模式並重視學科考試，英、美等國家比較偏向於採取低課程控制模式，但是近年來，亞洲及英、美等國對於中小學課程的控制措施，有往中間發展的趨勢。如我國的國民教育階段九年一貫課程，雖然仍然維持傳統國定課程的架構，但也試圖容許地方與學校課程自主的空間。同處亞洲的新加坡，也有類似的發展。英國在 1988 年提出國定課程之後，也在 2000 年統一小學階段的核心課程，並持續實施全國性測驗，以加強政府對於課程的控制。美國聯邦政府也在 1990 年代提倡全國性測驗，以監控各州中小學教育，各州則相繼訂定各科學習標準，作為各校課程設計的依據。

　　美國在改變課程管理導向的同時，也發展出因應的實施策略。我國目前政府的課程管理模式也在轉變當中，允宜研擬因應策略，使九年一貫課程在國定課程架構下，同時也能充分發揮地方及學校課程的特色。

# 課程領導

　　課程領導（curriculum leadership）係指在課程發展過程中，對於教學方法、課程設計、課程實施和課程評鑑提供支持與引導、以幫助教師有效教學和提升學生學習效果。

　　基本上，課程是相當複雜的概念，它可以說是學生學習的科目，也可以說是學生學習的活動或經驗。前者偏重於學科學習（subject learning），後者則強調社會學習（social learning），這種對於課程的不同看法，多多少少會影響到整個課程領導的作業。

　　其實，課程領導與教學領導（instructional leadership）可說息息相關，教學領導不能孤立於課程之外，課程領導不能自立於教學之外，教學領導有助於課程的持續發展與改進，課程領導能夠強化教師教學行為效果的提升。只不過教學領導的發展要比課程領導為早，在 1980 年代初期即有學者霍林傑（P. Hallinger）和墨菲（J. Murphy）等人提倡教學領導，引起教育界很大的重視，研究文獻亦顯示，一所高效能的學校，其校長能夠主導學校學術發展方案、設定學校目標、檢視課程發展及評估教師教學表現和學生學習結果。到了 1990 年代，強調教師參與的領導，課程領導逐漸受到重視，對於課程改革提供一個新的助力。

　　課程領導之意涵，傳統早期的看法都將其視為建立教學目標的一系列技術工作、監控課程的實施、選用教科書、選

擇適當的評量方式，這些工作教師本身就能夠作有效決定；後來發現學校校長也應該是一位很重要的課程領導者，他（她）本身除了對於課程應該有所瞭解外，也要發揮領導的功能，去塑造教師間相互溝通與對話的環境與機會，以利教師能夠進行有效的課程決定。柯魯格（S. E. Krug）提出課程領導包括下列要素：(1)確定任務；(2)管理課程與教學；(3)視導教學；(4)評量學生進步情形；(5)增進教師教學氣氛。

　　所以，課程領導的主要內涵可以歸納為下列六方面：(1)設定課程目標與計畫；(2)管理與發展學校教育方案；(3)視察和輔導教學改進；(4)發展教師專業能力；(5)評量學生學習結果；(6)塑造課程發展文化。是故，課程領導係以行政的力量和資源來支援課程的革新和教學的改進，它可以說是同時包括課程、管理、教師教學、學生學習和學校文化等層面。

　　總之，課程領導的基本理念，在於發揮領導的力量，有效的進行課程與教學設計，並落實到實際的班級教學上，以提高學生學習效果為依歸。校長在整個學校課程領導扮演著推動者的角色，教師亦居於核心者的地位，所以校長與教師的良性互動，應該是課程領導成效的關鍵所在。因此，課程領導的有效實施，必須植基於學校的組織和管理的革新，以及塑造革新的文化和專業成長社群的基礎之上，方能達到事半功倍之效。

# 質的研究

　　質的研究（qualitative research）是指研究者針對自然發生的事件或現象，進行系統性的觀察與記錄，將觀察所得之資料加以分析整理，並將結果予以歸納敘述的一種研究途徑。質的研究也稱為田野／實地研究（field study）、人種志／俗民志研究（ethnographic research）、自然探究（naturalistic approach）或參與觀察研究法（participant observation method）。

　　質的研究為人類學家以及社會學家所廣泛使用的研究途徑，後來漸次應用於教育領域。1980 年前，由於自然科學的科學研究方法為研究方法的主流，因此強調實驗、控制場所、數據分析之量的研究大行其道，質的研究在教育領域有如鳳毛麟爪。1970 年代之後，量的研究開始受到學界的批判，於 1980 年代批判最烈。首先，學者認為教育活動是以人為主體，而人的行為極為複雜無法以自然科學研究方式予以分割；其次，教育活動的因果關係無法如自然科學般能有明確的界定；第三，科學研究方法僅適用於穩定性、一致性高的自然科學界，不適用於變動性高的教育領域。其後，採詮釋觀點（interpretivist）以及批判觀點（critical theorists）之學者相繼加入批判行列，在美國教育學術界引發質、量論戰，並於 1989 年 3 月 25 日在印地安大學教授 Egon G. Guba 主持的一場「另類探究典範國際研討會」中，達到高峰，此一研討會也使得質的研究在教育研究中占有一席之地。1990 年代

以來，教育研究質、量之爭趨於和緩，代之而起的是質、量
並重的倡導，同時採用質與量的途徑進行教育研究已成為一
種趨勢。

　　質的研究特別重視：(1)研究者親自體驗（參與觀察）並
記錄自然情境中的行為；(2)蒐集多樣化的描述性資料，如訪
談抄本、實地記錄、圖片、相關文件等；(3)兼顧事件或現象
形成的過程及結果；(4)不再驗證研究假設，而是將諸多片斷
資料予以歸納，以發現其關聯性；(5)探究不同個體對於自己
本身行為所作的解釋或認定。教育研究中比較熟悉的研究方
法如人種志研究、歷史研究、個案研究等，均屬於質的研究。

　　質的研究是以特定期間所蒐集到的資料作為分析的依
據，通常以個案研究方式進行，深入探究在此一個案（一個
人、一群學生、一所學校、一項方案、或一種概念）所發生
之事件或現象。主要的研究設計有兩類，其一是人種志設
計、其二是分析設計。在人種志設計中，研究者採用觀察、
訪談、或文件分析的方式，針對研究對象進行深入或長期的
探究。分析設計則透過完整的文件分析，瞭解過去的個人、
事件、或現象對於現狀的可能影響。分析設計又可分為概念
分析、歷史分析、與法規分析三種。

　　透過質的研究途徑，研究者可以儘可能的深入瞭解所欲
探討的事件或現象，而且通常可以單獨由研究者進行機動性
研究，不再推論，也比較不需花費龐大的經費。但是質的研
究無法精確描述群體現象，研究過程耗時費力，研究設計在
信度、效度以及推論方面都仍有不盡周延之處，這些不足之
處正是量的研究優勢所在。

# 學分制

　　學分（credit）係指學校中計算授課時數之單位。一般而言，每學期（semester）或每季（quarter）每週上課一小時為一學分；但有些藝能課或實驗課則是上課二小時或三小時為一學分。

　　因此，學分制（credit system）可界定為：學生依學校規定修畢一定學分及格後取得文憑或學位證書的一種制度。在美、日、澳、我國的大學教育多採學分制，它已成為各國通用的一種教育方式。

　　學分制主要可分為兩類，一類是學年學分制：學生需在一定修業年限修習學分及格後，才能畢業；另一類是無學年學分制：學生只要在畢業之前修習所需之及格學分數，不受學年規定之限制。我國大學教育係採前者，依大學法第二十三條規定：「大學修業期限以四年為原則。」復依大學法施行細則第十九條：「大學各學系修讀學士學位學生修業期限四年者，其畢業應修學分數，不得少於一百二十八學分。」可說是典型的學年學分制。

　　由於學分制彈性大、易滿足學生個別需求，以及能因應開放多元社會之需要。因此，不僅在大學採學分制；而且已逐漸擴及至高中教育。傳統的高中教育過於拘泥於學年制，導致學生有些科目不及格後，必須留在原年級重修所有科目，學生心理挫折感甚大，不僅浪費時間和學校教育資源；

而且傷及學生自尊心，對於其爾後學習助益並不大。所以教育部乃於八十一學年度起試辦高中學年學分制；並於民國八十八年修正公布「高級中學學生成績考查辦法」，規定高中三年修業期間，修滿一百六十學分以上且德行成績及格者准予畢業，正式將原本之學時制改為學年學分制。

　　總之，學分制已成為各國大學教育、高中教育課程修習制度之發展趨勢，它能夠提供學生較多的選修科目，適應各類學生不同需求，促進學生適性發展，對於增進高中教育效果，具有其實質的意義。由於大學四年主要完成一百二十八學分即可畢業；然而高中只有三年，卻要修一百六十學分，負擔仍是相當重；且目前仍存在有現行高中課程結構無法發揮學年學分制應有的彈性自主精神，學生選修時間太少，難以找到學生補修時段，和部分家長們擔心品質降低等問題，所以在實際執行的過程中，可能還有些困難亟待克服。

# 學校本位管理

　　教育改革乃是世界各國向公元二千年高科技時代邁進的共同策略。環顧世界各先進國家最近這些年來之發展趨勢，許多學校系統已朝學校本位途徑發展。這些國家包括美國、英國、澳大利亞、加拿大、紐西蘭和法國等國家均實施學校本位管理或自我管理學校之途徑進行教育改革。尤自 1980 年代以來，美國學校教育不斷進行改革，其中較為受到重視的乃是「重建學校運動」（movenent to restructure schools）；而「學校本位管理」（school-based management，簡稱 SBM 或 site-based management or building-based management or school-site autonomy or school centered management）可說是在該運動中最重要的一項改革。

　　基本上，學校本位管理可說是一種權力下放的學校管理。換言之，美國各地方學區（類似我國縣市教育局，但其一般規模卻較我國為小）將作決定的權力授權各個學校，以便改進教育的一種策略。學校本位管理的主要特徵有二：(1)增加學校之自治，減少地方學區法令之限制；(2)學校教師、行政人員、家長、社區人士和學生共同分享作決定的權利，並賦予績效責任。職是之故，學校本位管理之目標不只是在重組行政的責任，而且亦在使傳統權力架構進行改變，以建立學校教師、行政人員、家長、社區人士和學生的新關係。

　　一般而言，學校本位管理指在教育行政的形式裡，學校

變成作決定的最基本單位,它不同於較傳統教育行政的形式。而作決定的主要領域包括預算(budget)、人事(personnel)和課程與教學(curriculum and instruction)等三方面:(1)學校本位預算(school-based budgeting):學校預算的計畫和經費支付的控制是學校本位管理的重要領域之一。學校本位預算包括學校所有費用,如教職員薪資、教學活動等費用,其分配預算作決定之責任有三種方式:一為校長自行運作,二為校長與經費之行政人員及部門主管分享作決定之權力,三為更廣更多之代表組成委員會作決定;(2)學校本位人事管理(school-based personnel management):學校教職員工之聘僱與職務安排是學校本位管理授權的重要因素。一般而言,其人事權之作決定由學校本位管理小組行使;(3)學校本位課程與教學管理(school-based curricular and instructional management):此為教師專業自主權力,包括課程發展與修訂、教學計畫、教學方法和教材之選擇,尤指教科書等之自主決定。

總之,學校本位管理旨在讓學校擁有更多的自治權力,使學校減少科層體制的種種限制,藉以提升學校效率和生產力。

# 學校本位課程

　　學校本位課程（school-based curriculum）係指由學校本身對於學生之學習內容或活動所進行的設計、實施和評鑑。換言之，就是以學校為主所發展出來的課程，所以它是「由下而上」（bottom-up）的課程發展；而不是「由上而下」（top-down）的課程發展。因此，就其本質而言，它是一種學校教育人員所發動的一種草根性和自主性活動。

　　學校本位課程的倡導，主要源自於：(1)學校不滿傳統「由上而下」的課程發展，要求更多的課程自主設計；(2)追求課程發展的穩定性，避免政治干預課程發展；(3)學校自行設計課程，最能符合學生個別差異和學習需求；(4)教師課程決定與設計是一種專業自主的表現，應該受到更多的尊重。因此，近十多年來，學校本位課程儼然成為歐美國家課程改革的主流，而且也有相當的實際作為。教育部頒布之「國民教育階段九年一貫課程綱要」中，特別提到結合全體教師和社區資源，發展學校本位課程，並審慎規劃全校總課程方案和班級教學方案，由此可見學校本位課程在國內未來課程改革將扮演很重要的角色。

　　事實上，學校本位課程在國內幼稚園教學已經實施多年，例如：大單元統整教學、主題統整教學……等都屬於學校本位課程設計，教師享有高度的課程自主性。由於國內國小和國中教師過度依賴教科書，不願花費太多時間進行課程

設計或統整工作，致使學生大都偏重於課本的學習，學習所獲得的知識也較為支離破碎，而且與實際生活關聯性不高，引起頗多的批評，所以學校本位課程的發展，遂成為這一波國小和國中教育改革主流之一。

學校本位課程的發展係以「學校」為核心，重視學校人力的整合和社區資源的運用。所以，在學校本位課程發展下，它是一種「參與」、「合作」和「共享」的活動和文化。透過此種的課程發展活動，可以提供最適合學生學習的方案，也可以建立學校獨特的風格。

總之，學校本位課程具有自主性、參與性、合作性和發展性等各種特性。它賦予學校和教師更多的彈性課程設計和教學自主的空間，有助於學校和教師因應學生個別差異、社區需求、學校本身環境和時代潮流發展合適的課程，但是學校教師本身的意願和課程設計能力，是左右未來實施學校本位課程成效的關鍵所在。是故，如何營造有利於教師願意參與學校本位課程發展的條件，應該是當前努力的重大課題，而學校本位課程並非學校課程的全部，教學才是教師的本職，這也是必須注意的。

# 學區制

　　學區有兩種涵義，第一種是指盛行於英、美兩國的地方
教育行政區域，即地方學區；第二種是指國民教育或義務教
育階段招收學齡兒童的居住範圍，即所謂的入學學區。

　　學區一詞原指英、美兩國的地方教育行政區域，也是地
方學區的通稱，或簡稱為學區（school district）。現行的學區
制（district system）起源於 1789 年美國麻州（Massachusetts）
修正通過的州憲法，該法規定地方政府成立「學校委員會」
（school committees）負責教育事務。1826 年，該法再度修
正，將學校委員會獨立於地方政府之外，並享有教育行政權
以及決定與課徵教育稅的權力，奠定了今日美國地方學區制
度的基礎。

　　在美國，一個地方學區通常包括一個教育決策單位，一
個教育行政單位，以及若干所公立學校。教育決策單位大部
分是指由地區居民選舉產生代表所組成的學區教育委員會
（school board）。學區教育委員會受居民的委託，依法決定
學區內中小學教育稅的稅率、教育預算、學校的設置、學校
課程內容、教育人事、學校學區界限，並督導教育行政單
位。教育行政單位由教育局長（superintendent）及其所屬行
政人員組成，依據學區教育委員會的決定，負責學區內的教
育行政運作並督導學區內學校的教育運作。中小學由學區教
育委員會任命的學校校長負責，執行學區教育委員會的教育

決策。在美國來說，學區可說是決定及管理地方公立中小學教育事務的教育立法及行政組織，不僅有行政權，也有立法權，同時也不受地方行政及立法機構的干預。

一個學區通常包括一到若干所公立學校，小的學區可能只設有一所小學，大的學區可能設有幾所小學或中學，設有多所學校的學區，為方便學童就近入學，學區教育委員會將各個中小學劃定入學區域，學生以鄰近區域就近入學為原則，也可以就讀學區內其他學校，形成入學學區制度。入學學區制度之實施，最主要的目的在保障國民教育或義務教育階段學齡兒童能就近入學，其次是作為政府設置學校或核准私人設置學校的依據。但是部分家長為給子女提供良好的學習環境，把子女送到其他學區學校就讀，形成越區就讀的現象。這種越區就讀的情形，在柯林頓（Bill Clinton）總統提倡家長的「學校選擇權」（school choice）之後，更為顯著。

我國國民教育法及其施行細則規定，國民中小學由主管教育行政機關劃分學區分區設置，學齡兒童由主管教育行政機關按學區分發入學。就此規定來看，我國國民中小學採行的學區制度，是指為方便學童就近入學的入學學區制度，不同於美國的地方學區制度，也與美國多元選擇的入學學區制度不同。教育部規劃中的「高中職社區化」入學學區制度，可參考美國的入學學區制度，給予學生及家長適度的選擇機會。

# 學習型組織

　　學習型組織（learning organization），係指一個組織能夠不斷的學習，以及運用系統思考從事各種不同的實驗與問題解決，進而強化及擴充個人知識與經驗和改變整個組織行為，以增強組織適應與革新的能力。

　　在學習型組織的文獻中，常常會涉及到一些相關的概念，例如：組織的學習（organizational learning），它是指在組織環境中的學習，學習過程包括了知識、技能與經驗的獲得，由於組織環境不同，組織的學習包括個人學習、團體學習及組織學習三個層次，這些學習可透過有系統、正式的安排、或者採取自我導向，甚至在情境中都可進行；至於工作場所中的學習（learning in the workplace）則指在所有工作環境中的學習，著重於組織中學習者的身上，其概念與組織中的學習大部分重疊；此外，人力資源發展（human resource development）是指組織在一個時間裡，透過有系統的學習活動，強化個人學習能力，促進個人工作表現、成長與發展。由此可知，這些概念與學習型組統之意涵，頗有相通之處。

　　1990 年，美國聖吉（Peter M. Senge）博士出版《第五項修煉》（*The Fifth Discipline: The Art and Practice of the Learning Organization*）一書，提出運用系統思考來改造企業組織，激起企業界廣大的迴響。聖吉提出學習型組織理論的核心為五項修煉，其主要內涵如下：

㈠**系統思考**（systems thinking）：它是一套思考的架構，可幫助我們認清整個變化型態，以及確認問題背後真正的形成，使我們能夠有效的掌握變化，而且也能夠解釋複雜的情境。

㈡**自我超越**（personal mastery）：一種個人強烈的願景及追求真理的承諾，提供個人創作和超越的能力，能夠不斷實現個人內心深處最想實現的願望，由於個人的不斷精進，以及強烈的使命感和責任感，促使整個組織的成長與發展。

㈢**改善心智模式**（improving mental models）：心智模式常常是根深蒂固，會影響到我們如何去理解這個世界，以及如何採取行動的許多假設、成見，甚至圖像、印象。為了改善心智模式，必須時時反觀自省，宣照自己內心世界，透視內心的感受。

㈣**建立共同願景**（building shared vision）：它是一種共同的願望理想、願景或目標的能力。一個組織中有了共同願景，成員才會積極投入，為共同目標而努力，以確保組織績效。

㈤**團隊學習**（team learning）：在現代組織中，學習的基本單位是團隊而不是個人，除非團隊能夠學習，否則組織也無法學習。團隊的學習，是一個團隊的所有成員，攤出心中的假設，進而一起思考的能力。

總之，在一個富於多變、競爭激烈、資訊超載的時代裡，學習型組織的理念，正可提供教育革新一個思考的新方向。

# 學習權

　　學習權（learning right）是指個人在所處環境中充分發展閱讀、思考、生活以及創造能力的一種基本權力。

　　1985 年聯合國教育科學文化組織（UNESCO）第四次國際成人教育會議宣言，特別強調學習權的概念，並對於學習權的內容提出具體的界定：學習權是閱讀和寫字、提出問題與思考問題、想像和創造、瞭解人的環境和編寫歷史、接受教育資訊、發展個人和團體技能的權利。由此觀之，學習權是以個人為主體，透過適當的學習情境和學習活動，充分發展個人潛能，以記錄歷史、創造歷史的一種基本人權。

　　教育是實現學習權的具體途徑，從保障及實現學習權的觀點來看，教育的政策、教育的制度、教育的組織及人員、以及教育的內容及方法都必須以學習者為出發點，以邁向終身學習社會為最終目標。就教育政策而言，政府必須確保每一位國民受教育的機會一律均等；就教育制度而言，政府必須設置足夠的學校數量，以及規劃充足的升學管道，使人人都有機會接受各級教育；就教育組織及人員而言，教育行政單位及學校必須不斷的進行組織再造，提供有效能及有效率的服務；就教育的內容與方法而言，教師必須不斷改進教材教法以提供學生最佳的學習環境。最後，整體社會必須是一個永續成長的學習型社會，為個人提供適性發展的終身學習環境。

　美國總統柯林頓在 1997 年所提出的國情咨文中，列舉美國未來教育發展的十個方向，強調確保每一位國民接受完整的初等、中等及高等教育，充分展現學習權的核心觀念。而減少班級學生人數、提高教師素質、強化弱勢族群教育以及提高大學就學率，為其實現學習權的重要具體措施。

　我國自行政院教育改革審議委員會在民國八十四年的第三期諮議報告書提出學習權的概念之後，學習權的概念逐漸被教育行政界及實務界所接受。民國八十七年二月九日，教育部前部長林清江所提出的教育改革六大方向，明確指出以保障全民學習為起點，以邁向終身學習社會為目標，加上立法院三讀通過之「教育基本法」，已為政府落實保障學習權跨出了一大步。

# 學術自由

　　學術自由（academic freedom）是指教師、學生在教學、學習以及研究出版的過程享有高度的自主性，不受法律、組織規定以及公眾壓力的不當干預或限制。就教師而言，學術自由的具體內涵包括：追求學術、傳達知識、發表研究成果與研究結論，以及決定教學方式的自由；就學生而言，學術自由的具體內涵包括：學習相關知識、自己學習作結論以及表達意見的自由。

　　學術自由是西方社會的產物。遠在中古世紀時代，西方皇室就特准大學自主管轄權，大學依法可以自行聘用教師、招收學生、訂定學生畢業標準，從此奠下學術自由的基礎。皇室認同「學術自由」提倡者的主張，認為教育活動可以促進知識的進步，進而增進人類的福祉，而促進知識進步的最佳途徑就是保障教育活動者的自由，因此，追求知識的活動必須遠離政府、宗教或其他機關、利益團體的不當束縛。值得一提的是，從其起源來看，保障學術自由在於提升全民的福祉，而不在方便教師與學生教育活動本身。

　　十八世紀中，天主教與新教徒相繼介入大學事務，隨後的新興國家也持續干預大學的自主權。因此，十八、十九世紀期間，大學運作受到政府嚴密的管轄，大學教師僅能教授政府允許的內容。但是學術自由之呼聲並未因此完全滅絕，德國的歌丁根大學（The University of Gottingen）因充分獲得政府當局的授權，成為十八世紀中維繫學術自由的燈塔。隨後，在十九世紀初創設的柏林大學（The University of Ber-

lin），標榜「教學自由」（freedom to teach）與「學習自由」
（freedom to learn），初步確立學術自由的重要內涵，並迅速
傳播到歐美地區各個大學。最後，隨著現代化大學功能的出
現，學術自由的內涵擴及研究及出版自由。

　　學術自由有其規範並非毫無限制，自由也有其適用的範
疇。首先，學術討論或研究出版不得違背社會的善良風俗與
本身的專業倫理。其次，教師在本身的學術領域享有學術自
由的保障，但是在其他領域的自由則相對減少。而受過專業
訓練愈多的教師，相對的也享有較多的教學、研究與出版自
由；相同的，愈高教育階段的學生，也享有更高的學習自
由。最後，在戰爭、經濟不景氣、政治不穩定等非常時期，
學術自由通常會受到較多的約束。

　　在現今民主國家中，學術自由通常受到法律的保障。如
我國憲法第十一條明定：人民有言論、講學、著作及出版自
由。大法官釋字第三百八十號也開宗明義的指出：憲法第十
一條關於講學自由之規定，係對學術自由之制度性保障；對
大學教育而言，應包含研究自由、教學自由及學習自由等事
項。美國最高法院對於憲法保障人民言論、出版及集會自由
的解釋，也一再重申保障學術自由的立場，捍衛學術殿堂，
使其不受外來的不當干預。此外，另實施教師永久聘（tenure）
的配套措施，以確保教師工作的穩定性，讓教師得以獨立從
事學術活動。

　　在新的知識經濟時代，教育與資訊（網路）是決定國家
前途的兩大利器。教育在促進知識的發展，知識發展仰賴學
術自由來啟動。未來，如何在教育體系培養學術自由的風
氣，並儘速實施保障學術自由的具體措施，應是全民政府亟
需努力達成的重要目標。

# 融合教育

融合（inclusion）教育，係指身心障礙學生之安置方式，由特定的機構走入一般的社區；由特殊學校轉至普通學校；由特殊班進到普通班也就是強調回歸主流和正常化。

特殊教育實施方式，依其學生障礙程度高低，主要有八種方式：(1)普通班：學生在普通班級接受教育；(2)巡迴教師：受過特殊專業訓練教師安排固定時間巡迴至各校輔導個別特殊學生或普通班教師；(3)資源教室：提供特殊學生在某一特定時間接受特殊教育的場所；(4)部分時間特殊班：針對一些需要更多時間的特殊教育服務的學生而設；(5)自足式特殊班：由受過專業訓練教師擔負全部教學工作；(6)特殊學校：針對視障學生、聽障學生或重度智能不足學生所設的學校，是一種較為隔離的教育環境；(7)醫院與住家服務：提供肢障學生必須長期在醫院或家裡之一種教育服務，由輔導人員或特殊教師實施床邊教學或在家教育；(8)養護機構：針對養護重度或極重度特殊學生所設的教育場所。

為了達成「特殊而不隔離」的理想，避免身心障礙益形孤立，培養其適應未來社會生活，資源班的教育型態，漸成為一種主流。事實上，要實施完全融合教育，將身心障礙學生完全回歸到普通班，仍有其現實上的困難。不過，透過適當的教育情境設計，讓身心障礙學生與一般學生能夠得到最大的互動機會，增進一般學生對身心障礙學生的瞭解與尊

重，已成為當前特殊教育努力的重要課題。

　　政府為使接受融合教育方式之學生，得到最大的照顧，特別在民國八十六年五月公布修正的「特殊教育法」第十四條規定：「為使就讀普通班學生之身心障礙學生得到適當之安置與輔導，應訂定就讀普通班學生身心障礙學生之安置與輔導辦法，其辦法由各級主管教育行政機關核定之。」足見政府對於融合教育的重視與所採取的行動。

　　融合教育的實施，猶如一棵樹苗，需要不斷的灌溉與滋養，才會茁壯，並長出美麗的花朵，所以它不僅需要政府強而有力的政策；而且也需要學校教師（普通班教師與特殊班教師）的支持；以及家長們的配合，才能達到最大的效果。

　　總之，融合教育的理念，係強調特殊學生與一般學生的相似性；而不是差異性，所以主張在相同環境下提供特殊教育的方法，這種理念在「中華民國身心障礙教育報告書：充分就學・適性發展」中充分展現出來，期盼在大家努力下，我國特殊教育能夠進入新的里程。

# 績效責任

　　績效責任（accountability）是指個人或單位對於職責範圍內的工作成效與成敗負起完全責任。換言之，個人要對本身行為的結果負責，單位要對單位的整體表現負責。因「績效責任」能否落實實施，為影響學校本位管理成敗的關鍵，因此，英美等教育先進國家已經相繼建立學校績效責任制。

　　績效責任原指企業界在投入資金之後要計算出具體的成果，也就是著重成本效益的計算，希望每一塊錢的花用都能看到其效用，而不是石沈大海，毫無成果。在學校方面，由於教師支領薪水，學校編有預算，因此，也牽涉到績效責任的問題。

　　私立學校必須自給自足，因此，向來重視績效責任。公立學校由於由政府編列預算支應，不必由學校自負盈虧，因此，績效責任概念的形成較為緩慢。1950 年代，美國的學校效能運動期望透過增加經費與資源的途徑，以強化中小學校教育功能，此一教育運動以學校「績效」為優先，至於學校「責任」部分則尚未全面展開。

　　到了 1980 年代期間，英、美等國發現長年的教育投資並未有效提高學童的學習成就，因此，教育績效的概念再度引起重視，並開始注意教育投資與成效之關係，「績效責任」便成為教育改革的重要課題。隨後的研究指出，以學校為中心的教育改革是提升學校績效的重要途徑，因此，要積極推

動學校本位管理運動，增加學校經營與教學權力。由於學校獲得更多授權，責任便相對加重，績效責任的概念也就加諸學校之上。

　　績效責任包括五項規準，第一是成本效益，就是以最低成本達成最高效益；第二是效率原則，就是以最短時間完成既定目標；第三是權責相符，就是對權責之內的工作負起成敗的完全責任；第四是結果本位，就是以結果作為衡量績效的標準；第五是績效本位，就是以工作績效作為獎懲依據。整體而言，教育績效責任包括教育行政單位、學校單位、教師的績效與責任。所有教師對於本身的績效應負起責任，集合一校所有教師的績效就是學校績效，而學校校長必須為學校績效負責，一地區所有學校的績效就是該地區的教育績效，而地方主管教育行政機關首長必須為地區教育績效負責，依此類推。

　　如何衡量績效是績效責任的核心，但由於教育績效的內容相當複雜，因此通常僅以當前教育發展重點作為衡量績效的指標。如現階段英美等國是以學生標準化成就測驗成績，作為教育績效的標準，地區教育績效持續不良者，主管教育行政機關首長會遭撤換，績效持續不良的學校，也會遭到關閉、接管或重組。我國目前正積極推動教育鬆綁，如何配合建立績效責任制度，以發揮最大的教育效益，將是一個值得正視的問題。

# 壓力管理

壓力管理（stress management）係指個人面對一個具有心理、生理或情緒威脅情境時，能夠有效加以因應與克服困境，使身心能夠維持平衡和健康狀態的過程。

根據奚華德（B. L. Seaward）指出：在所有的疾病當中，有 70～80％的疾病與壓力有關。基本上，壓力對於健康的影響大約來自於五方面：生理、心理、情緒、社會和精神。例如：兒童和青少年痛苦的來源，包括：生病、受傷、營養不良、太瘦（生理方面）；追求學業和課外活動卓越、失望、焦慮（心理和情緒方面）；同儕壓力、家庭生活不和諧（社會方面）；生活缺乏方向、生命缺乏意義、缺乏自信心（精神方面）。其實，不只是學生有生活上的壓力，同樣的家長、教師或學校行政人員，每天都會面臨到大大小小的壓力，其中家長可能面臨家庭經濟、子女管教的壓力；教師面臨教學、研究、管教學生、親師溝通的壓力；行政人員面臨工作績效、人員互動的壓力。是故，學校教育利害關係人都可能面臨到形形色色的壓力，這些壓力已經成為生活中的一部分。

一般而言，壓力大小會因人而異，其來源常常來自於個人所知覺具有破壞性或威脅性的事件或情境。自從 1960 年代早期以來，研究者開始從事工作環境的心理社會和心理需求所產生的壓力，其中發現來自於組織因素所造成個人的壓

力，計有：(1)工作不確定性；(2)工作的轉變；(3)長時間的工作；(4)身體危險性的暴露；(5)與同仁或上司人際的衝突。個人一旦面臨到這些壓力，如果無法適時化解與調適，將會導致個人的倦怠、苦悶、曠職、生病、士氣低落、生產力降低等不良現象。

事實上，壓力是難以避免的，應該鼓勵個人勇敢的面對它，並採取有效的策略做好壓力管理。因此，個人能夠瞭解與接納自己、學會放鬆自己、培養挫折容忍力、步調不要太快等，都有助於壓力管理。此外，組織能夠提供安全的環境、和諧的人際關係、符合個人能力的工作、避免過重的工作要求等，亦可減少個人壓力的來源。所以，最有效的壓力管理需要從整體的觀點著手。換言之，從個人的態度（attitudes）、行為（behaviors）和組織的情境（circumstances）方面進行，將可收到良好的效果。

總之，壓力是客觀存在的事實，每個人應付壓力的能力和經驗會有所差異，有人被壓力擊敗，導致身心俱疲，一蹶不振，鬱鬱寡歡；有人化解壓力，過著生龍活虎、多采多姿的生活。所以壓力不一定具有負面作用，只要個人能夠妥為因應，做好壓力管理，它反而是個人進步和組織發展的動力。

# 臨床視導

　　臨床視導（clinical supervision）是指視導人員對於教師實際教學的觀察，將所觀察到的資料透過彼此面對面的互動方式，進行分析教師的教學行為和活動，以謀求教師教學改進和提升教師班級表現的過程。

　　「臨床」一詞係來自於醫學上，它只涉及到對於病人實際的觀察和處理，異於實驗室的研究。一般而言，醫學上的「臨床」偏重於病人身上；而教育上的「臨床」則著重於正常的班級或學校的環境。

　　「臨床視導」的觀念可以追溯於 1950 年末期美國哈佛大學（Harvard University）的教學碩士課程（Master of Arts in Teaching），當時是用諸於教育實際階段，以幫助職前教育的學生能夠取得合格教師資格，後來也推廣到在職教師的在職進修方面。

　　「臨床視導」的實施階段，各家說法不一，主要可以歸納為五個階段：(1)觀察前會議：視導人員和教師首先必須建立和諧的人際關係，培養彼此之間的默契；其次雙方對於教室觀察的時間、地點、內容和工具，也必須事先進行規劃。(2)教學觀察：視導人員進入教室現場情境觀察，對於教室所觀察到的行為或事件，加以仔細的記錄，最好能夠採用一些教室觀察工具；必要時可以運用攝影機或錄音機等輔助工具，俾蒐集到完整翔實的資料。(3)分析和策略：視導人員將

所觀察到的原始資料，加以歸納整理，可以採用質的文字描述，亦可採用量的數據分析，或者兩種方式呈現均可，資料分析之後，視導人員可就自己的觀察和資料的研判，針對教師的表現事先構思一些改進的建議或策略。(4)視導會議：會議開始之前，視導人員和教師最好能夠營造一種良好的氣氛；在會議進行中，視導人員以客觀的資料向教師說明、分析和解釋，也讓教師有發問和澄清的機會，當然也要提出一些具體的改進建議，供教師參考；值得注意的是，視導人員在會議進行中，應該傾聽教師提出自己的意見和感受，並加以尊重。(5)會議後分析：視導會議完後，視導人員必須檢討和省思自己的視導行為，作為未來進行臨床視導時自我改進的參考，以提升視導效能。

「臨床視導」在國外已經實施一段時間，對於改進教師教學及促進教師專業發展有其積極正向的功能；至於國內對於「臨床視導」的推動，可說剛處於起步的階段，值此國內大聲疾呼提升教師專業知能的今天，「臨床視導」不失為一種很好且有效的策略，值得師資培育機構參考。

# 轉型領導

　　轉型領導（transformational leadership）是指組織領導人應用其過人的影響力，轉化組織成員的觀念與態度，使其齊心一致，願意為組織的最大利益付出心力，進而促進追求組織的轉型與革新。

　　轉型領導一詞源自於行政領導學者伯恩斯（James M. Burns）獲得普利茲獎的名著《領導》一書，在書中伯恩斯將行政人員的領導風格劃分為兩種類型，一種稱為互易領導（transactional leadership），另一種稱為轉型領導（transforming leadership）。互易領導以部屬外在需求與動機作為其影響的機制，轉型領導則以部屬的內在需求與動機作為其影響的機制。由於轉型領導的概念與追求革新的教育風潮一致，因此，引發教育學者的研究興趣，並進一步給予具體的闡釋。

　　古今中外都有轉型領導的典型例子，如美國的林肯、黑人領袖金恩、印度的甘地、我國的國父孫中山先生等；均具有領導魅力、能鼓舞群眾、善於激發個人潛能、全心關懷部屬等，是這些領導者的共同特徵，也是轉型領導的主要精神所在。轉型領導者透過魅力、關懷，激發、鼓舞群眾，使群眾願意捨棄小我的利益而為大我的利益而努力，夙夜匪懈、群策群力的結果，使得整個國家、社會得以改頭換面，順利轉型。

　　從先前的例子中可以發現，轉型領導者通常在組織面臨

重大變革壓力、眾人對於未來茫然不知所以的情境之下出現。透過領導者獨到的眼光、群眾的魅力以及過人的毅力，所有組織成員得以有所仿循，戮力向前。這種領導能力與風格建立在三個基礎之上，分別是洞察力、親和力與持續力（毅力）。洞察力指出未來的方向，親和力集結組織成員的力量，持續力維繫眾人追求成功的動力。

　　我國教育改革正邁向全方位的經營期，興革事項經緯萬端，從中央到地方，從教育行政人員到學校教師，從學校到家長以及社區，都面臨重大的突破與變革。改革能否成功，各級教育領導人員是否展現轉型領導能力與風格，實為重要關鍵。惟轉型領導在組織面臨危機、組織規模較小、領導者具有強大的影響力之下，比較能夠實施，若能適時交叉運用其他領導方式，也比單一使用轉型領導更能促進組織的轉型。

# 雙語教育

　　雙語教育（bilingual education）是指教導學生能同時很熟練的使用兩種族群語言的教育措施。雙語教育是美國 1960 年代，為了落實多元文化教育所實施的一種教育方案，當時大量的移民潮，使美國形成一個多元族群夾雜的國家，為使這些外國移民能融入美國的社會主流中，實施雙語教育被認為是達成多元文化教育的一種有效措施。

　　在族群多元化的美國，教育上所面臨的最大問題是語言的問題，無法熟練運用美語，是造成教育障礙的主要原因之一。以紐約市為例，在 1992 年的一項調查發現，紐約市的公立學校中，除了美語以外，學生所謂的母語共有一百二十種，其中，中文及西班牙語是使用最為廣泛的外語。因為習慣使用母語，以致於無法熟練的運用美語在學校有效的學習，為謀求改進，雙語教育的措施便成為矚目的焦點。實施雙語教育的學校，一方面教導學生學習母語，另一方面同時教導學生學習美語，雙管齊下，企圖達到提升學生學習效果的目的。

　　雙語教育的實施方案，可細分為維繫性雙語教育（maintenance bilingual education）、轉型性雙語教育（transitional bilingual education）、以及雙向性雙語教育（two-way bilingual education）三種。維繫性雙語教育方案，以教導學生熟練的使用母語學習學校的教材為主，同時也教導學生學習美語，

其目的在使學生可以不會因語言的障礙，影響學生學習的進度。轉型性雙語教育方案，則與前項方案不同，本方案是以教導學生學習美語為主，等學生能充分使用美語之後，才容許學生在課堂中夾雜使用美語和母語。雙向性雙語教育方案，又與前兩項方案不同，本方案有計畫的把使用美語的學生與使用非美語的學生，混合各半，一起進行教學，使學生在自然的雙語學習環境中，互相學習對方的語言，達到熟悉兩種語言的目標。

　　美國雙語教育的實施，最主要的對象是西班牙語系的學生，包括波多黎各（Puerto Ricans）、墨西哥（Mexican Americans）後裔，以及美國原住民印第安人。雖然雙語教育在美國各地相當盛行，但也有不少的反對聲浪存在，部分團體堅持學校教育應該使用美語教學。事實上，大部分母語不是美語的學生，就讀 ESL（English as a Second Language）課程，這項課程基本上是使用美語教學，但是擔任教學的教師，同時能使用學生的母語，以便必要時能協助學生學習。

　　我國在九年一貫課程中，開始推動落實多元文化教育以及母語教育，認為國民教育課程應以發揚族群文化和學習母語為重點，台北市更於民國八十三年訂定推行母語教學實施要點，利用每週聯課活動時間，進行閩南語、客家語、原住民母語教學，首開「本土化」雙語教育的先河。

# 籃中演練

　　籃中演練（in-basket exercise）是指將主管每天日常處理的書面文件抽樣選出，並要求參與演練的人員在一定的時間之內，寫出處理行動，藉以瞭解演練人員的能力或培養能力的一種方法。籃中演練是情境演練（situational exercise）的一種方法，情境演練是將實際的工作情境化成問題，由演練人員實際操作，以評量或培養實作能力的一種設計。情境演練重在「做的能力」，而非「知的能力」。

　　單位主管桌上通常有兩個文件籃（in-basket），一個是收文籃，另一個是發文籃。收文籃中放著公文、信件、電話記錄、報告、報表等尚待處理的文件，處理之後就放在發文籃之內，由文書人員取走，辦理後續作業。模仿主管文件處理實況所設計的評量或訓練方法，就稱為籃中演練，也可以稱為文件演練。

　　美國教育測驗服務社（Educational Testing Service，簡稱ETS）在 1952 年接受美國空軍之委託，研究評估訓練成效的方法。該服務社在 1953 年正式發表籃中演練法之後，陸續被引進企業機構，作為教育訓練之用。到了 1960 年代之後，美國管理學以及心理學界開始大量介紹此種方法，並同時應用到人員遴選方面，其後，不論企業界或政府單位也開始廣泛使用籃中演練的方法，以訓練或評估人員的領導能力。

　　籃中演練主要包括說明資料、演練問題、回饋三個部

分。在說明資料中，主要是描述演練情境中所要演練的組織狀況，以及演練的事項，通常是某一主管突然去職，要演練者臨危受命擔任主管，負起責任。在說明資料中，要儘量詳細清楚，讓演練者能很快進入狀況，同時要給予演練者時間壓力。但是，如果演練者來自該單位，則不必細述，但宜設定在未來情境，以避免演練者直接將瞭解的經驗應用在演練中。在演練問題設計上，每一問題必須是組織正常運作之下會發生的問題，而且沒有固定的答案，好讓演練者發揮判斷力。有些不是問題而是有用的資料，有些是不必由演練者處理的問題，有些是演練者必須處理的問題，有些是輕鬆的問題，這些問題混在一起，演練者必須自己判斷。在回饋階段，主要分析演練者的表現並予以回饋。如以訓練為目的，最常用的回饋方式是在演練之後舉行團體討論，以瞭解演練者的優劣。如以評量為目的，則可以從演練者填寫的「行動理由」中，分析其真正能力。

由於籃中演練可以瞭解人員的「實作能力」，因此，企業界已廣泛使用在教育訓練與人員遴選方面。教育活動不僅是理念的啟發，更是實務的演練，因此，中小學師資以及學校行政人員培育與專業成長活動之設計，也可以採用籃中演練的方式，以全面提升教育人員隨機處理教學與行政問題的能力。

# 英文索引

## A

## B

## C

# F

# G

# H

# I

# K

# T

# U

# V

國家圖書館出版品預行編目資料

教育小辭書／吳清山、林天祐合著. --
初版. -- 臺北市：五南圖書出版股份
有限公司, 2003〔民92〕
　　面；　　公分
含索引
ISBN 978-957-11-3198-6（平裝）

1. 教育 - 字典 - 辭典

520.4　　　　　　　　92001956

1ILK

# 教育小辭書

主　　編 — 國立教育資料館

作　　者 — 吳清山、林天祐（63）

發 行 人 — 楊榮川

總 經 理 — 楊士清

總 編 輯 — 楊秀麗

副總編輯 — 黃文瓊

責任編輯 — 吳雨潔

出 版 者 — 五南圖書出版股份有限公司

地　　址：106台北市大安區和平東路二段339號4樓

電　　話：(02)2705-5066　　傳　真：(02)2706-6100

網　　址：https://www.wunan.com.tw

電子郵件：wunan@wunan.com.tw

劃撥帳號：01068953

戶　　名：五南圖書出版股份有限公司

法律顧問　林勝安律師事務所　林勝安律師

出版日期　2003年 3 月初版一刷
　　　　　2021年10月初版十六刷

定　　價　新臺幣280元

# 經典永恆・名著常在

## 五十週年的獻禮——經典名著文庫

　　五南，五十年了，半個世紀，人生旅程的一大半，走過來了。

　　思索著，邁向百年的未來歷程，能為知識界、文化學術界作些什麼？

　　在速食文化的生態下，有什麼值得讓人雋永品味的？

歷代經典・當今名著，經過時間的洗禮，千錘百鍊，流傳至今，光芒耀人；

　　不僅使我們能領悟前人的智慧，同時也增深加廣我們思考的深度與視野。

　　我們決心投入巨資，有計畫的系統梳選，成立「經典名著文庫」，

　　希望收入古今中外思想性的、充滿睿智與獨見的經典、名著。

　　這是一項理想性的、永續性的巨大出版工程。

不在意讀者的眾寡，只考慮它的學術價值，力求完整展現先哲思想的軌跡；

　　為知識界開啟一片智慧之窗，營造一座百花綻放的世界文明公園，

　　任君遨遊、取菁吸蜜、嘉惠學子！